Inka Stampfl

Musikberuf
Berufsverband
Kulturpolitik

Der Deutsche Tonkünstlerverband

Kultur ist Zusammenarbeit …

Henry George (1839–1897)

meiner Tochter Imanca gewidmet

Impressum:
Stampfl, Inka
Musikberuf – Berufsverband – Kulturpolitik
ISBN 3–9802421–8–8
CIP – Titelaufnahme der Deutschen Bibliothek

© by Stephanus-Verlag-Passau 1997
Satz: Deutscher Tonkünstlerverband, München
Druck und buchbinderische Verarbeitung: Gebr. Westenhuber GmbH,
München

INHALTSVERZEICHNIS

VORWORT

Die Anregung zu dieser Veröffentlichung gab das gesamtdeutsche Musikfestival anläßlich »150 Jahre Deutscher Tonkünstlerverband« 1997. Im Rahmen der Quellenforschung wurde die kulturpolitische Bedeutung von Musikorganisationen immer deutlicher, so daß es nahelag, nicht nur einen historischen Werdegang des Deutschen Tonkünstlerverbandes nachzuzeichnen, sondern vielmehr seine Einflußnahme und Rolle auf politischer Ebene herauszustellen. Eine Dokumentation über den Tonkünstlerverband, wie er sich 1997 präsentiert, beschließt die Veröffentlichung.

Einen ersten Ansatz dazu machte der Ehrenpräsident des Deutschen Tonkünstlerverbandes, Prof. Hans-Joachim Vetter, bereits im Jahre 1984 mit seiner Schrift »Die Tonkünstlerverbände 1844–1984«. In vielen Gesprächen und dank seines persönlichen Archivs von Protokollen, Diskussionen und Aktennotizen zu Verhandlungen mit Institutionen – zumal er selbst fast ein Jahrhundert Verbandsgeschichte darstellt – konnte ich mir Einblick über die Arbeit und Funktion dieses Berufsverbandes verschaffen und kulturpolitische Zusammenhänge aufdecken.

Dazu kam, daß durch die politische Wende 1989 Archive und Bibliotheken Quellen zur Verfügung stellten, die bis 1989 für jede Bearbeitung oder Einsichtnahme verschlossen waren. An dieser Stelle sei vor allem dem Musikwissenschaftlichen Institut der Hochschule Franz Liszt in Weimar gedankt – und hier besonders Frau Dr. Irina Kaminiarz –, dem Goethe-Schiller-Archiv in Weimar und der Stiftung Weimarer Klassik, den Universitätsbibliotheken Rostock, Berlin, Halle, Leipzig, Potsdam, Zwickau und Bochum sowie der Universitätsbibliothek Passau, die unermüdlich oft ungenaue Quellenangaben solange verfolgte, bis die genauen Titel bekannt und beschafft werden konnten. Bedanken möchte ich mich auch bei Herrn Wolfgang Baumann, der vor allem Verbandsprotokolle 1945–94 ausgewertet hatte, sowie bei Frau Monika Bachinger, die bei der Quellenforschung von Publikationen wertvolle Hilfe leistete.

München, September 1997
Inka Stampfl

9

EINLEITUNG

Die Geschichte des Deutschen Tonkünstlerverbandes beginnt eigentlich mit dem Jahr 1844, als in Berlin der erste »Tonkünstlerverein« gegründet wurde. In den darauffolgenden Jahren 1845 und 1846 wurden nach dem Berliner Muster und unter Übernahme der Satzung beziehungsweise Anpassung an die Berliner Satzung sehr schnell Tonkünstlervereine in Dresden, Frankfurt, Hamburg, Leipzig, München und Köln gegründet. Dies ist aber nicht Anlaß genug, um das Jahr 1847 zu einem »Gedenkjahr« des »Deutschen Tonkünstlerverbandes« werden zu lassen, und somit 1997 die 150jährige Geschichte dieser Vereinigung, das heißt des Deutschen Tonkünstlerverbandes und der Tonkünstlerversammlungen, mit Recht zu feiern. Mehrere kulturpolitische Fakten setzten 1847 ein Zeichen. So kündigte Franz Brendel in seiner »Neujahrsbotschaft« 1847 in der Neuen Zeitschrift für Musik einen zentralen Tonkünstlerverein an. Er war es auch, der vom 13. bis 14. August 1847 zur ersten Tonkünstlerversammlung in Leipzig einberief. Zeugnis davon geben die ausführlichen Besprechungen in der Zeitschrift »Euterpe«, vom November und Dezember 1847 sowie auch die Protokolle des Berliner Tonkünstlervereins, die mit dem 24. Februar 1847 beginnen. Aus diesem Grund wurde auch die »Neue Berliner Musikzeitung« durch das Vorstandsmitglied Dr. Gustav Bock 1847 gegründet.

Es war eine Zeit weit umfassenderer Kulturbestrebungen – sozusagen der letzte Vormärz vor der Revolution 1848/49. Dazu kamen fachliche, organisatorische und wirtschaftliche Probleme im Bereich der Musikberufe. So wurde auf der ersten Tonkünstlerversammlung in Leipzig 1847 ein Gremium einberufen, das sich mit den vom damaligen preußischen Kultusministerium geforderten Reformvorschlägen zur »Reorganisation des deutschen Musiklebens« beschäftigen sollte. In diesem Kreis arbeiteten zum Beispiel Bernhard Adolf Marx, der Hofkapellmeister Richard Wagner, der Musikpädagoge Ernst Hentschel, der Geiger Flodoard Geyer, der Pianist Theodor Küllak, der Musikbibliothekar Dr. Franz Commer, der Musikkritiker Dr. Otto Lange, die Komponisten Wolfgang Griepenkerl, Franz Brendel und Franz Liszt. Die Inhalte der daraus resultierenden Denkschrift sollten allerdings erst 1920 unter dem ersten Musikreferenten des preußischen Kultusministeriums, Leo Kestenberg, verwirklicht werden.

Damit wird deutlich, daß die Tonkünstlerverbände stets kulturpolitisch bedeutende Aufgaben übernahmen. Die Verfolgung und Umsetzung

dieser Ziele ist auch heute noch ein dezidiertes Ziel des Deutschen Tonkünstlerverbandes.

Der Verband beschäftigte sich in seinen Gründerjahren mit musikalisch-
praktischen Vorträgen, ein Tonkünstler-Orchester wurde ins Leben gerufen, eine Musikbibliothek wurde gegründet, Vorträge zur Musikpädagogik
wurden abgehalten, Konzerte mit Werken alter und neuer Meister
wurden durchgeführt, eine »Pensionskasse« für notleidende Musiker
wurde eingerichtet, die Problematik der Urheberrechte wurde diskutiert,
Kompositionswettbewerbe wurden ausgeschrieben.

Nicht uninteressant war die Beziehung des Deutschen Tonkünstlerverbandes zu dem sehr ähnliche Ziele verfolgenden 1861 gegründeten Allgemeinen Deutschen Musikverein, der auf Initiative von Franz Liszt und
Franz Brendel ins Leben gerufen wurde. Seine Hauptziele waren die
Pflege der Tonkunst und der Musiker, also wesentlich enger auf Komponisten und deren Werke ausgerichtet. Bis um 1900 ließ der Allgemeine
Musikverein die Musikpädagogen völlig außer acht. Die berühmten
Musiker der damaligen Zeit waren in beiden Verbänden tätig, oft sogar
in den Vorständen. Nachdrücklich muß aber herausgestellt werden, daß
die Tonkünstlerverbände sich als Vertreter aller Musikberufe verstanden,
so wie es auch heute noch der Fall ist.

Gelegentlich wurden sogar die Bezeichnungen völlig durcheinander
gemischt, wovon die »Tonkünstlerversammlungen«, die »Tonkünstlerfeste« Zeugnis ablegen, oder auch dadurch, daß in der Öffentlichkeit von
»Tonkünstlervereinen« gesprochen wurde, obwohl man die »Stadt-
vereine« des Allgemeinen Deutschen Musikvereins meinte. Zeigte sich
der Allgemeine Deutsche Musikverein aufgeschlossen für alles musikalisch Neue auch aus fremden Ländern, so zeichneten sich die Deutschen
Tonkünstlerverbände mehr durch Patriotismus aus, so zum Beispiel
belegt durch heftige Vereinsdebatten gegen den »französischen Schlamm
der Offenbach'schen Operetten«. Zurückhaltung übte man im Deutschen Tonkünstlerverband auch, sich mit dem Allgemeinen Deutschen
Musikverein zusammenzuschließen, da man dessen betont neudeutsche
Färbung ablehnte. Aus diesem Grund wurde die Ernennung Richard
Wagners zum Ehrenmitglied mit zwei Drittel Stimmen Mehrheit des
Berliner Verbandes abgelehnt, hingegen man Franz Liszt ob seiner Verdienste einstimmig zum Ehrenmitglied ernannte.

Im Laufe der Jahrzehnte verflachten die Initiativen des Allgemeinen
Deutschen Musikvereins zu einer recht einseitigen Konzertinstitution,

deren Tonkünstlerfeste in zunehmendem Maße negativ in der Presse kritisiert wurden, während der »Reichsverband Deutscher Tonkünstler und Musiklehrer« 1922 mit weit über 10.000 qualifizierten Mitgliedern in 20 Landes- und Regionalverbänden mit über 200 Ortsgruppen zu einer starken und schlagkräftigen Berufsvertretung wurde.

Am 28.12.1933 beschloß der Vorstand die »freiwillige« Überführung in die Reichsmusikkammer, die am 9. bis 10. Juni 1934 vollzogen wurde. Trotzdem lebte der Deutsche Tonkünstlerverband im Untergrund weiter, was zum Beispiel die Ausgaben des »Nachrichtendienstes« der Fachschaft für Musikerziehung beweisen. Der Berliner Tonkünstlerverband schaffte es sogar, sich während der zwölf Jahre der Herrschaft der Reichsmusikkammer nicht aufzulösen, wenn auch seine Tätigkeit stark eingeschränkt waren.

Die Neugründung ging ab 1945 sehr zögerlich vor sich. Nach und nach wurden einzelne Landes-, beziehungsweise Ortsverbände gegründet bis endlich 1948 wieder ein gesamtdeutscher Tonkünstlerverband auf föderalistischer Basis existierte.

Heute sieht sich der Deutsche Tonkünstlerverband als Dachverband seiner 16 Landesverbände als der Berufsverband aller Musikberufe und im Bereich Musik Tätigen. Viele Maßnahmen, die heute in der Musikwelt als selbstverständlich und teilweise selbständige Einrichtungen existieren, hat der Deutsche Tonkünstlerverband initiiert. Solche musikpolitischen Maßnahmen waren zum Beispiel:

➢ Einwirken auf Reformen im Musikunterricht in den allgemein bildenden Schulen seit 1847.

➢ Mitwirkung des Verbandes bei dem Gesetzesentwurf zur Rahmenprüfungsordnung für die Staatliche Privatmusiklehrerprüfung, für den sich auch der Kunst- und Schulausschuß der »Ständigen Konferenz der Kultusminister« ausgesprochen hatte. Unterrichtsbefähigung nach Unter-, Mittel- und Oberstufe! seit 1903 bzw. seit 1848.

➢ Mitinitiator zahlreicher Lehrerbildungsseminare und Konservatorien, Forderung nach Musikhochschulen, seit 1847.

➢ Forderung nach einer Schulmusikerprüfung, erstmals 1869.

➢ Durchführung von Musikpädagogischen Kongressen seit 1902.

➢ Durchsetzung von einheitlich geregelten Unterrichtsverträgen seit 1903.

➢ Förderung der allgemeinen musikalischen Erziehung außerhalb allgemein bildender Schulen (Volksmusikschulen) seit 1928.

➤ Einrichtung auf Initiative des Deutschen Tonkünstlerverbandes der »Arbeitsgemeinschaft für Musikerziehung und Musikpflege« (AGMM) 1950.

➤ Die Deutsche Unesco-Kommission übertrug bereits 1952 der AGMM die Federführung für die Einrichtung einer »Deutschen Sektion des Internationalen Musikrates«.

➤ Einführung des »Hausmusiktages« jeweils am Cäcilientag im November eines Jahres seit 1931.

➤ Der Beginn des Bundeswettbewerbes »Jugend musiziert«, bei dem der Deutsche Tonkünstlerverband als wesentlicher Träger auftrat.

➤ Die Planung und Ausführung eines bundesweiten Gesangs-Wettbewerbes, der jährlich im Wechsel für Oper, Operette, Konzert und Musical, Chanson, Song ausgeschrieben ist.

➤ Forderung nach einer gesetzlichen musikalischen Tantiemenpflicht (heute GEMA) seit 1868.

➤ Maßgebliche Mitgestaltung der Urheberrechtsgesetze durch den Deutschen Tonkünstlerverband.

➤ Pflege und Förderung des zeitgenössischen Musikschaffens durch Konzerte und Tonträger, Archivierung in einem verlagsähnlichen Archiv.

➤ Einsetzen für die sozialen Belange der Musiker seit 1844, Errichtung zahlreicher Musikfonds bis hin zur Künstlersozialkasse 1981.

➤ Ermöglichung von Existenzgründungsdarlehen und Existenzsicherungsdarlehen auch für Künstler.

➤ Wahrung der Interessen der weiblichen Mitglieder seit 1922.

➤ Mitarbeit bei der Schaffung eines Antilärmgesetzes.

➤ Einführung von Musikfachmessen seit 1906.

➤ Gründung von Musikbibliotheken seit 1844.

➤ Herausgabe von berufsbezogenen Zeitschriften seit 1844.

Ersichtlich wird daraus, daß die Geschichte des Deutschen Tonkünstlerverbandes mit seinen wechselvollen Schicksalen, erfüllten und noch unerfüllten Plänen und Hoffnungen seit 150 Jahren zugleich Teil deutscher Kulturgeschichte und deutscher Kulturpolitik ist.

1. HISTORISCHER WERDEGANG EINER STANDESORGANISATION FÜR MUSIKBERUFE

Die geistigen Strömungen in der Restaurationszeit (1815–1830) sowie die geistigen Entwicklungen in den Jahren zwischen der Revolution von 1830 und 1848 erhielten ihren Antrieb nicht zuletzt unter dem Einfluß der Romantik, der sich in diesen Jahrzehnten auch auf den Gebieten der Kunstpflege und der Musikerziehung ausprägt. Forderungen nach Reformen gingen zum Teil sogar auf die Wende des 19. Jahrhunderts zurück und alle Probleme, an denen der Deutsche Tonkünstlerverband später und auch heute noch arbeitet, haben in den ersten Jahrzehnten des 19. Jahrhunderts ihre ersten zutreffenden Formulierungen erhalten.

In direktem Zusammenhang mit diesen Reformbestrebungen ist auch die Gründung der ältesten Berufsorganisation der deutschen Tonkünstler und Musikerzieher zu sehen. Die Geschichte dieses Verbandes stellt zugleich einen nicht unwichtigen Teil der deutschen Musikgeschichte dar, darüber hinaus der deutschen Kulturgeschichte.

1.1. Kulturnotstand –
Die Gründung des Berliner Tonkünstlervereins

Bereits im Jahre 1809 schrieb *Wilhelm v. Humboldt*, der damalige Unterrichtsminister, einen Bericht an König Friedrich Wilhelm III. Es war die Vorbereitungszeit, in der Scharnhorst das Kriegswesen umgestaltete, Jahn zu turnen begann und Nicolovius Pestalozzis Schüler nach Preußen berief. W. v. Humboldt hatte damals Carl Friedrich Zelter[1] beauftragt, Vorschläge auszuarbeiten

> »… wie die Wirksamkeit der Musik auch den öffentlichen Gottesdienst und die Nationalbildung erhöht, und dadurch auch sie selbst mit der Zeit noch mehr veredelt werden könnte …«[2]

Konkret beantragte damals W. v. Humboldt beim König,

> »1. eine eigene Musikbehörde durch Errichtung einer Professur bei der Akademie der Künste zu stiften,
>
> 2. diese Professur und die Aufsicht über die gesamte öffentliche Musik, jedoch fürs erste nur in Berlin, dem cit. Zelter mit einem angemessenem Gehalte zu verleihen,
>
> 3. mir [d.h. W. v. Humbodt] aber den Auftrag zu erteilen, dies bei der unteren Sektion des öffentlichen Unterrichts stehenden Akademie der Künste einzurichten, und mit notwendiger Schonung alle übrigen dabei eintretenden Verhältnisse alles baldmöglichst in Gang zu setzen, um dieser Musikbehörde die gehörige Wirksamkeit zu verschaffen.«[3]

Wilhelm von Humboldts Forderungen fanden zunächst kein Gehör. Aber er blieb nicht alleine damit. So forderte man z.B. ab 1830 kontinuierlich »planmäßige und ausreichende« Kunsterziehung in den Schulen, die musischen Fächer im weitesten Sinne sollten den rein wissenschaftlichen Fächern die Waage halten. Im Fach Musik sollte die Stimme

---

[1] Zelter, Carl Friedrich (1758–1832), Komponist, Musikpädagoge, wirkte in Berlin
[2] Humboldt, Wilhelm von: Gesammelte Werke, 5. Band zit. n. Hentschel, Ernst (Hrsg.): Euterpe, Nr. 12, 1848 Erfurt 1848, S. 202 ff.
[3] a.a.O. S. 205

ausgebildet werden, Musiktheorie erarbeitet, das Ensemblespiel gefördert sowie Kenntnisse über Komponisten und deren Werke erlangt
werden. *Otto Langes* Buch »Über die Musik als Unterrichtsgegenstand«,
das 1841 in Berlin erschien, vertrat zum ersten Mal mit Nachdruck diese
Forderungen.

Dr. Otto Lange[4], Berater, Freund und Mitarbeiter aller namhaften Berliner Musiker erkannte – da sich die Öffentlichkeit nicht sonderlich für die
Fragen der Musik in Schule und Haus interessierte – daß, wenn er seinen
Forderungen in den Behörden, für die ja sein Buch geschrieben war,
Nachdruck verleihen wollte, es einer »Organisation« bedürfte. So kam
man schon seit 1841 in engerem Kreise zusammen, um über Mittel und
Wege einer »Reform auf allen Gebieten der Musikerziehung und Musikpflege« zu beraten. Mit gleich gesinnten Kollegen und Freunden begründete Lange am 24. Februar 1844 den *Berliner Tonkünstlerverein*. Diese
neue Organisation stellte sich die oben genannten Aufgaben und verfolgte mit großer Zähigkeit und Intensität die in der Satzung verankerten
Ziele. Der erste Vorsitzende des Vereins wurde der Musikwissenschaftler
und damalige Leiter der Musikabteilung der Königlichen Bibliothek,
Dr. Franz Commer. Des weiteren gehörten u.a. dem Vorstand der damals
renommierte Pianist *Theodor Kullak*, *Flodoard Geyer*, Prof. *Bernhard Adolf
Marx*, *Hermann Küster*, *E. D. Wagner* und *Dr. Otto Lange* an. Zu ihnen
traten bald die bekannten Berliner Musiker wie Gumbert, Löschhorn,
Theodor Oesten, Wilhelm Wieprecht, der Organisator der preußischen
Militärmusik und der Komponist Otto Nicolai.

Der Tonkünstlerverein umschloß in der Folgezeit alle Berliner Musiker
und Musikerzieher von Bedeutung, nahm aber auch außerordentliche
Mitglieder auf, was Namen wie z.B. der damals sehr einflußreiche Ministerialrat Dr. von Keudell beweisen oder der Begründer des Musikverlages
Bote & Bock, Gustav Bock[5].

---

4   Otto Lange (geb. 1814) wirkte in Berlin, Musikredakteur der »Vossischen
     Zeitung«, 1846–1858 Schriftleiter der »Neuen Berliner Zeitung«, Musikleh-
     rer am Gymnasium
5   vgl.: Ebel, Arnold: Privatmusikerziehung, in: Fischer, Hans (Hrsg.), Hand-
     buch der Musikerziehung, Berlin 1964², S. 92 ff. und Stege, Fritz: Zur Ge-
     schichte des Reichsverbandes, in: Festbuch zur Hauptversammlung des
     RDTM, o. J. o. O., S. 19 und Moser, Hans Joachim: 111 Jahre Berliner Ton-
     künstler-Verein, in: Musik im Unterricht, Nr. 2, Mainz 1956, S. 58 ff.

Bedeutend für die Gründungsjahre des Berliner Tonkünstler-Vereins waren z.B. auch der Hofkapellmeister *Heinrich Dorn, Hans von Bülow, Giacomo Meyerbeer,* der Kompositionslehrer und Musikschriftsteller *Karl Friedrich Weitzmann,* der junge *Friedrich Chrysander* sowie *Friedrich Wilhelm Jähns,* die Komponisten und späteren Professoren *Friedrich Kiel* und *Woldemar Bargiel.*

Der Verein beschäftigte sich mit musikalischen Zeitfragen, führte Vorträge und Diskussionen zu musikalischen Fragen durch, beschäftigte sich mit ästhetischen Problemen, gemeinsame musikalische Veranstaltungen folgten und daran anschließend heftigste Debatten über wertvolle oder nicht wertvolle bzw. brauchbare Kompositionen. Man richtete eine »Musikvolksbibliothek« ein, eine Sterbe- und Witwenkasse, ein Pensionsfonds wurde in Angriff genommen, Schriften herausgegeben, wie z.B. die erste Biographie des Mitglieds Otto Nicolai, das Schaffen zeitgenössischer Komponisten wurde gefördert, ein Verbandsorgan wurde ins Leben gerufen.

Entscheidend in dieser Anfangsphase ist jedoch das Eingreifen des jungen Verbandes in allgemeine kulturpolitische Organisationsfragen. So forderte der Berliner Tonkünstlerverband in einer »Denkschrift«, die Schaffung eine Staatsbehörde zur Förderung und Überwachung der künstlerischen Pflege der Musik, sowie die Unterstützung von hervorragender, Kunst fördernder Institutionen von staatlicher Seite aus.

1.2.   Bestandsaufnahme –
Die erste deutsche Tonkünstlerversammlung in Leipzig 1847

Nach der Gründung des Deutschen Tonkünstlervereins entwickelten sich rasch gleiche Musikberufsorganisationen in Leipzig, Hamburg, München, Köln und Dresden.

In Leipzig war es Franz Brendel[6], der bereits in der Neujahrsnummer 1847 der »Neuen Zeitschrift für Musik« zu einer ersten großen Versammlung deutscher Tonkünstler aufgerufen hatte und dann auch diese Versammlung am 13. und 14. August 1847 durchführte. Ernst Hentschel gab dazu in der monatlich erscheinenden Zeitschrift »Euterpe« einen ausführlichen Bericht darüber.[7]

Franz Brendel, der Redakteur der Neuen Zeitschrift für Musik, hatte zunächst nur an ein Zusammentreffen deutscher Musikerzieher gedacht, diese Idee jedoch letztlich allgemein erweitert auf deutsche Tonkünstler und »ernste, strebende Musikfreunde« mit dem Ziel, diese in einem großen Verband zu vereinigen. Zur Vorbereitung der 1. Deutschen Tonkünstlerversammlung wurde ein Komité gegründet, das aus dem Organisten und Lehrer am Konservatorium in Leipzig *Karl Ferdinand Becker*, dem Musiklehrer *Friedrich Riccius*, dem Direktor der Leipziger Singakademie und Konservatoriumslehrer *Ernst Friedrich Richter* und aus *Franz Brendel* bestand.

---

[6]   Brendel, Franz (1811–1868), wirkte als Musikhistoriker und Schriftsteller vor allem in Leipzig

[7]   Hentschel, Ernst: Die erste Versammlung deutscher Tonkünstler und Musikfreunde in Leipzig, in »Euterpe« Nr. 11 und Nr. 12, Erfurt 1847

Das Verzeichnis der Teilnehmer zeigt das große Interesse an dieser Versammlung im deutschsprachigen Raum:

Teilnehmerliste der
Ersten Versammlung Deutscher Tonkünstler und Musikfreunde in Leipzig, 13. und 14. August 1847 im Leipziger Gewandhaus

Ort	Name	Beruf
Altenburg	Hr. J. G. Meyer	Tonkünstler
	Hr. G. A. Reichardt	Musikdirektor
Altona	Fr. Fanny Bergas	Pianistin
Anger (bei Leipzig)	Hr. Schaab	Lehrer
Blankenburg am Harz	Hr. H. Sattler	Organist
Braunschweig	Hr. Dr. W. R. Griepenkerl jun.	Professor
Celle	Hr. Dr. Stuhr	
	Hr. Dr. H. W. Stolze	Organist
	Hr. Dr. Woltje	Ober-Appellations-Gerichts-Procurator
Chemnitz	Hr. Kunstmann	Kaufmann
Cöthen	Hr. Ed. Thiele	Musikdirektor
Delitzsch (bei Leipzig)	Hr. Golz	
	Hr. Hofmann	
Dessau	Hr. Louis Kindscher	Seminarlehrer
	Fr. Louise Kindscher	
	Hr. Dr. Friedrich Schneider	Kapellmeister und Ritter
Dresden	Hr. M. e. Eberwein	Musiklehrer
	Hr. Ferdinand Friedrich	Pianist
	Hr. F. Gaebert	
	Hr. A. Herion	Musiklehrer
	Hr. Julius Miller	Gesangslehrer
	Hr. F. Spindler	Musiklehrer
Eisleben	Hr. F. G. Klauer	Organist
Erfurt	Hr. A. Ketschau	Organist
Freiberg	Hr. Becker	Finanzsecretair
	Hr. Klemm	Advocat
Gera	Hr. A. Helfer	Organist
	Hr. Seiferth	Schloßcantor
	Hr. G. Siebeck	Musikdirektor
Blauchau	Hr. W. Barth	Stadtmusikdirektor

Halle	Hr. R. Franz	Musikdirektor
	Hr. Gustav Rauenburg	Gesangslehrer
Hamburg	Hr. F. Bierwirth	Tonkünstler
Hannover	Hr. A. Luthmer	Secretair
Johanngeorgenstadt (Sachsen)	Hr. Meißner	Organist
Klausenburg (Siebenbürgen)	Hr. F. Reich	Beamter
Leipzig	Hr. Gustav Albrecht	Musiklehrer
	Hr. E. F. Becker	Organist
	Hr. R. Beyer	Tonkünstler
	Hr. Robert Friese	Buch- und Musikver- lag
	Hr. Ferdinand Böhme	Gesangslehrer am Conservatorium
	Fr. Elisabeth Brendel	Pianistin
	Hr. A. E. Büchner	Tonkünstler
	Hr. Deberich	
	Hr. A. Dorffel	Musiklehrer
	Hr. Elßig	
	Hr. H. Enke	Pianist
	Hr. Gotter Sen.	Präcentor
	Hr. G. Gottschald	
	Hr. E. Grenser	Orchestermitglied
	Hr. W. Haake	Orchestermitglied
	Hr. Haase	Advocat
	Hr. Henzschel	Advocat
	Hr. Chr. Hartung	Violinist
	Hr. Reimund Härtel	
	Hr. Baron v. Haugk	
	Hr. M. Hauptmann	Musikdirektor
	Hr. Ferdinand Heinze	Orchestermitglied
	Hr. Ferd. Hellwig	Musiklehrer
	Hr. Heinr. Henkel	Tonkünstler
	Hr. Hermsdorf	Advocat
	Hr. Fr. Hofmeister	
	Hr. A. Horn	Tonkünstler
	Hr. O. Hunger	Orchestermitglied
	Hr. H. Inten	Orchestermitglied
	Hr. W. Inten	Orchestermitglied
	Hr. Jul. Knorr	Musiklehrer
	Hr. L. Kuhlau	Organist

	Frl. Louise Lallemant	Pianistin
	Hr. B. Landgraf	Orchestermitglied
	Hr. H. Langer	Organist
	Hr. E. Leonhard	Komponist
	Hr. I. G. Lobe	Professor
	Hr. A. G. Marschner	Musiklehrer
	Hr. I. Moscheles	Professor
	Hr. Müller	Flötist
Leipzig	Hr. Oelrichs	Tonkünstler
	Hr. Papir	Musiklehrer
	Hr. Petersen	
	Hr. L. Plaidu	Lehrer am Conserva-torium
	Hr. Dr. G. Pohle	Musiklehrer
	Hr. Pöthko	
	Hr. E. Pfund I	Orchestermitglied
	Hr. E. Pfund II	Orchestermitglied
	Hr. G. Rast	Musiklehrer
	Hr. H. Reimers	Tonkünstler
	Hr. G. Reimers	Tonkünstler
	Hr. A. F. Riccius	Musiklehrer
	Hr. G. Fr. Richter	Musikdirektor
	Frl. Clara Riese	Musiklehrerin
	Hr. F. A. Reinsch	Musiklehrer
	Hr. H.Schellenberg	Organist
	Hr. A. Siebeck	Organist
	Dr. X. Sipp	Orchestermitglied
	Hr. R. Tautmann	Violoncellist
	Hr. F. A.Thümler	Orchestermitglied
	Frl. Elise Vogel	Konzertsängerin
	Hr. Th.Voigt	Violoncellist
	Hr. E. Wenzel	Klavierlehrer am Con-servatorium
	Hr. L.Weißenborn	Orchestermitglied
	Hr. V. Wienand	Musiklehrer
	Hr. A. Whistling	
	Hr. Wittmann	Orchestermitglied
	Hr. I. Zehrfeld	Orchestermitglied
	Hr. E. Zöllner	Direktor des Männer-gesangsvereins
Lemberg	Hr. Ruff	Direktor des Ge-sangsvereins

Liegnitz	Hr. Tschirch	Musikdirektor
Lucka	Hr. E. F. Belcke	Kammermusikus
Lüneburg	Hr. L. Anger	Musikdirektor
Magdeburg	Hr. Basler	Musiklehrer
	Hr. Ehwatal	Musiklehrer
	Hr. Kretschmann	Oberlandsgerichts Auscultat.
	Dr. L. Mener	Oberlandsgerichts Auscultat.
	Hr. Jul. Muhling	Musikdirektor
	Hr. Rebling	Musiklehrer
	Hr. Ruprecht	Musiklehrer
	Hr. Schefter	Musiklehrer
	Hr. Wachsmann	Musiklehrer
	Hr. Wendt	Musiklehrer
Meißen	Frl. Louise Otto	Schriftstellerin
Merseburg	Hr. A. G. Ritter	Musikdir.
	Hr. Teich	Musiklehrer
Naumburg	Hr. Brauer	Organist
St. Petersburg	Hr. Constantin Becker	Pianist
Posen	Hr. Greulich	Musiklehrer am Seminar
Schulpforte	Hr. Greifert	Musiklehrer
Schweinfurt	Hr. W. Cassus	
Stettin	Hr. Gustav Flügel	Komponist
Stralsund	Hr. Ernst Streben	Komponist
	Hr. E. Gärtner	
Thale (am Harz)	Hr. Tanneberg	Musiklehrer
Treuenbritzen	Hr. Wilke	Musikdirektor, Ritter
Weimar	Hr. Götze	Hofopernsänger
Weißenfels	Hr. E. Hentschel	Königl. Musikdirektor und Seminarlehrer
Wolfenbüttel	Hr. Strube	Organist und Musiklehrer am Seminar
Wurzen	Hr. E. Friedrich	Kantor
Zschopau	Hr. E. Geißler	Kantor
Zwickau	Hr. Dr. Emanuel Klitzsch	Gymnasiallehrer

Am 13. August, 9⁰⁰ Uhr, wurde im Gewandhaus zu Leipzig die Versammlung mit Versen von Louise Otto eröffnet:

Den versammelten Tonkünstlern
Leipzig, am 13. August 1847

Ein Willkommenruf! – er ist kein lautes Klingen
  von Tönen, wie ein Gott sie Euch verliehen,
  Ich hab' nur Worte, wo Ihr Melodien,
  Euch unsern Gruß an diesem Tag zu bringen.

Wie Wort und Ton als Eins sich oft durchdringen:
  So mög' auch jetzt mit trauten Harmonien
  Ein einig Streben unsern Kreis durchziehen,
  Daß Musiker vereinigt nach dem Höchsten ringen.

Vereinigung ist Losung dieser Zeiten!
  Der Einzelne lernt sich am Andern kennen
  Und für den Gott in seinem Innern streiten.

Gleichviel ob tausend Opferflammen brennen:
  Wenn sie nur aufwärts nach dem Ganzen streben
  So werden sie im Ganzen ewig leben! –

Aufschluß über anstehende Probleme der Musikberufe gibt die recht umfangreiche Tagesordnung, die aufgrund der an das Komité eingegangenen Anträge erstellt wurde:

Tagesordnung der Versammlung am 13. August 1847:

	Fr. Brendel:	Einleitende Worte
1a)	R. Schumann:	Deutsche Titel für Kompositionen
1b)	C. F. Becker:	Autorenrecht
1c)	H. Sattler:	Der Musikalien-/Manuskripten-Handel
1d)	C. Gollwick u.	Einrichtung einer Prüfungskommission
1e)	A. Rosenkranz:	zum Druck eingesandter Manuskripte
1f)	A. Dörffel:	Nachdruck-Angelegenheiten
2a)	F. Becker:	Orgelbau / Orgelprüfungen (Abnahme neuer oder reparierter Orgeln)

2b) F. Brendel: Einführung alter klassischer Werke in die Ge-
                      genwart

3)   W. Volckmar: Vernachlässigung der Geschichte der Musik

4a) H. Sattler: Die öffentlichen Konzerte reisender (Ton)Künst-
                      ler

4b) W. Volckmar: Das Virtuosentreiben

5)   R. Schumann: Über mutmaßlich »korrumpierte« Stellen in den
                      Werken unserer Meister

6)   R. Schumann: Verwahrung klassischer Werke gegen moderne
                      Bearbeitung

7)   R. Schumann: Ermunterung jüngerer Komponisten

8)   W. Volckmar: Das Gesangsunwesen unserer Zeit

9)   W. Volckmar: Unterstützung junger Komponisten durch Her-
                      ausgabe ihrer Werke

10) H. Sattler: Bildung von Kirchengesangsvereinen

11) H. Sattler: Bildung eines Pensions-Fonds

12) H. Sattler: Die bürgerliche Stellung der Künstler

13) W. Volckmar: Der Mangel allgemeiner Bildung bei vielen Musi-
                      kern unserer Zeit

14) A. Rosenkranz: Bildung von Kirchengesangsvereinen (sh. Nr. 10!)

15) C. A. Mangold: Die gegenwärtigen Opernverhältnisse

16) F. Schwenke: Anonymität in den musikalischen Zeitungen

17) J. Hoffmeister: Mitteilung über die Herausgabe eines Kataloges
                      von Kompositionen

18) H. Schellenberg: Die Herausgabe von Kompositionen der Ver-
                      einsmitglieder durch den Verein

19) H. Schellenberg: Musikaufführungen

Die Tagesordnung des 14. August war der Thematik des Musikunterrichts vorbehalten:

1.   A. Rosenkranz: Bildung von Prüfungskommissionen für Musik-
                      lehrer

2.   A. Dörffel: Ausschließung anerkannt schlechter Kompositio-
                        nen im Musikunterricht

3)   E. Schefter: a) Verzeichnis von beim Unterricht brauchbaren
                        Kompositionen
                        b) Herausgabe von geeigneten Kompositionen

4)   A. Dörffel: Abfassung eines Leitfadens für Klavierlehrer

5)   H. Damme: Ein Wort über die Unzweckmäßigkeit des bishe-
                        rigen Schlüsselsystems in der Musik

6)   H. Sattler: Der Musikunterricht

7)   H. Schellenberg: Verbreitung von, die wahre Bildung fördernden
                        Musikalien

8)   Fr. Brendel: Begriff und Zweck des Unterrichts

Außerdem wurden noch Vorschläge für vier Vorlesungen eingereicht:

1.   W. F. Tschirch: Über die schlechte Kirchenmusik in den prote-
                        stantischen Kirchen und Mittel, dieselbe zu ver-
                        bessern

2.   W. Griepenkerl: Die Oper der Gegenwart

3.   E. Wöltje: Über eine neue Theorie der Musik

4.   K. F. Becker: Mitteilung über seine Schrift: »Die Tonwerke des
                        17. und 18. Jahrhunderts«

Franz Brendel bezeichnete in seiner Eröffnungsrede die Tonkünstlerversammlung als einzig geeignetes Mittel, um sowohl veraltete Zustände zu
beseitigen als auch Neuem gegenüber zu treten, generell um nachhaltig
auf die musikalischen Zustände der Gegenwart einwirken zu können. Er
wies darauf hin, daß derartige Versammlungen in allen Bereichen der
Kunst und Wissenschaft Bedürfnis und Resultat der Zeit seien. Ferner
legte F. Brendel die Ziele eines deutschen Tonkünstlervereins dar, der
sich um die »Weiterbildung« und die »Umgestaltung« alles die Musik
betreffende bekümmern solle. Als Beispiele führte er den Nachdruck
von Noten an, Kompositionsdiebstahl, die abhängige Stellung der
Künstler, die Musikkritik, die Beschaffenheit des Choral- und Orgel-
spiels, die untergeordnete und äußerliche Stellung der Kirchenmusik zum
Gottesdienst, Angelegenheiten der Wissenschaft usw.

Aus dem Bericht Hentschels wird ersichtlich, daß natürlich nicht alle gestellten Anträge zur Tagesordnung abgehandelt werden konnten, daß aber durchaus weitreichende Beschlüsse gefaßt wurden, die hier sinngemäß wiedergegeben werden.

1. Beschluß: Deutsche Komponisten sollen für ihre Werke deutsche Titel verwenden.
Deutsche Komponisten sollen das Entstehungsjahr bei ihren Kompositionen vermerken.

2. Beschluß: Eine Kommission soll gegründet werden, die einen Katalog von nicht gedruckten Werken erstellt, um deren Verbreitung durch Abschriften zu bewirken.
Dabei soll jedes Werk ausführlich beschrieben werden, allerdings ohne jegliche persönliche Stellungnahme hinsichtlich der Qualität.

3. Beschluß: »Nachgedruckte« Stimmen von Privatpersonen und Gesangsvereinen dürfen nicht für öffentliche Aufführungen verwendet werden.

4. Beschluß: Dieser bezog sich auf Details im Orgelbau sowie auf die Abnahme einer neuen oder reparierten Orgel. Von Bedeutung ist, daß über die Garantie und deren gerichtliche Verfolgung ein Beschluß gefaßt wurde.

5. Beschluß: Dieser betraf zwei Anträge von Schefter, nämlich die Erstellung eines Verzeichnisses brauchbarer Kompositionen für den Musikunterricht und die Herausgabe geeigneter Kompositionen im Musikunterricht. Um Einblick in die Diskussion zu geben, sind diese Anträge wörtlich wiedergegeben:

»Es liegt nicht in meinem Plane, die geehrte Versammlung zu langweilen, da ich durch ein Augenübel verhindert wurde, mich auf eine ausführlichere Erörterung vorzubereiten. Ich spreche vom Musikunterricht der zarten Jugend. Man gibt uns das Kind mit dem Wunsche, es einzuführen in das heilige Reich der Töne. Schauen wir in das unschuldige Auge, in den klaren Himmel des Kindes: möchten wir diesen Himmel trüben; diese Unschuld zerstören? Wir tun das nicht. Wir können es nicht wollen. Wir erfüllen die Seele des Kindes mit interessanten Harmonien; wir stärken sein Herz mit kühnen Vorhalten, mit schneidenden Durchgängen, um es vorzubereiten auf die Sorgen und Schmerzen des ernsten Lebens. Wir thun noch mehr. Das zarte Kind macht Fortschritte, wir müssen uns beeilen, der Kindesseele einen analogen Spiegel in Gestalt arrangierter Opernstücke von Bellini,

Halevy, Donizetti ze. vorzuhalten, damit es sich an die Formlosigkeit und Jämmerlichkeit des Lebens gewöhne, und später von der nackten Wirklichkeit nicht zu sehr überrascht werde. Es ist nun eine wahre Freude, zu sehen, wie ein neunjähriges Mädchen in Bellini's reizenden Melodien schwelgt, wie es sich durch Halevy's Zauberklänge von allen Fesseln der Sittlichkeit befreit. Mit Rührung müssen wir auf die Wohlthaten blicken, die uns Italien und Frankreich auch auf dem Gebiete der Kunst gebracht, wie auf so manchem anderen! – Damit nun unserer Jugend dieser Segen in vollem Maße verbleibe, mag es nötig sein, sie von dem Druck zu befreien, den unsere sog. classischen Werke auf sie ausüben. Ein moderner Mensch kann diesen Druck nicht mehr vertragen. Mein Antrag geht also dahin, daß ein gedrucktes Verzeichnis, welches alle für die Jugend gebrauchten classischen Sonaten, Variationen ze. enthält, angefertigt werde, damit sich Jeder warnen lasse, und wisse, wovor er sich zu hüten habe. Findet dieser Antrag Unterstützung, so ist meine wohlmeinende Absicht völlig erreicht. – Was meinen zweiten Antrag betrifft, will ich nur vorschlagen, einen Preis auszuschreiben für den, welcher den Seeräuber Zampa und die Pest von Florenz für sechsjährige Mädchen zweckmäßig arrangiert. – –«

Den ersten Antrag Schefters, die Heraugabe eines Katalogs, wurde beschlossen, den zweiten ließ man, die Heiterkeit der Versammlung hervorrufend – auf sich beruhen.

6. Beschluß: Ablehnung der Änderungsvorschläge des bisherigen Schlüsselsystems in der Musik wegen Unbrauchbarkeit.

7. Beschluß: Ältere klassische Werke, speziell alte Kirchenmusik sollen in den gegenwärtigen Konzertprogrammen wieder vermehrt aufgeführt werden.

8. Beschluß: Termin und Ort der nächsten Tonkünstlerversammlung zum Zwecke der Gründung eines deutschen Tonkünstlervereins:
Ende Juli / Anfang August 1848 in Leipzig

Wie heute noch bei Tonkünstlerversammlungen üblich, fanden auch Konzertveranstaltungen statt:

1. Am 13. August nachmittags im Saal des Gewandhauses wurden aufgeführt:

• Concert, d-moll von Johann Sebastian Bach mit Quartettbegleitung durch Herrn Prof. Moscheles

- B-Dur-Quartett in 6 Sätzen von Beethoven, vorgetragen von den Herren Konzertmeister David, Hunger, Musikdirektor Gade und Wittmann

- Sonate für Pianoforte von Gustav Flügel (Manuskript), gespielt von Frau Elisabeth Brendel

- Gesangsvorträge: »Das Waldweib« von Mosen und Riccius, gesungen von Fräulein Vogel und Lieder von Schubert und Schumann, vorgetragen von Fräulein Agathe und Herrn Götze aus Weimar

Prof. Moscheles spielte am Schluß noch einige seiner Etüden und rief dadurch den Ausbruch stürmischen Beifalls hervor.

2. Am 14. August 1800 wurde in die Pauliner-Kirche zu einem Orgelkonzert geladen. Auf dem Programm standen:

- Johann Sebastian Bach: Fuge in Es-Dur, gespielt vom Organisten Becker

- Variationen über »Liebster Jesu, wir sind hier«; Organist Sattler

- Fantasie und Fuge: Musikdirektor Tschirch

- Fuge über B.A.C.H. von Robert Schumann: Lehrer Schaab

- Freie Fantasie: Musikdirektor Ritter

- Fantasie über »Eine feste Burg ist unser Gott«: Organist Schellenberg

Ein gemeinsames Abendessen, bei dem der Zöllnersche Männergesangsverein ein Ständchen brachte, beschloß die erste Versammlung deutscher Tonkünstler und Musikfreunde in Leipzig.

Die Resonanz auf diese Versammlung war besonders bei den auswärtigen Teilnehmern sehr groß – sie hatte den Künstlern viel Gutes gebracht, aber auch der Kunst selbst.

Damit waren Weichen für die Zukunft gestellt, die deutschen Tonkünstler hatten erkannt, daß es nun an ihnen selbst läge, die Reformvorschläge zur Musikerziehung und Musikpflege in die Tat umzusetzen, um der Musik der ihr eigene gesellschaftlichen Bedeutung zu wahren und einen Beitrag zur Weiterentwicklung der Musikkultur und damit der Kultur allgemein zu leisten.

1.3. Zusammenschluß –
Die Entwicklung zum Zentralverband deutscher Tonkünstler 1903

Die einzelnen Tonkünstlervereine in den verschiedenen Städten hatten im Prinzip alle ähnliche Aufgaben und Ziele in ihren Satzungen enthalten. Stets ging es um die Förderung zeitgenössischer Musik und deren Komponisten einerseits und um den künstlerisch wertvollen und guten Musikunterricht andrerseits. Von Beginn an waren die Tonkünstlervereine unmittelbar an der Gesetzgebung beteiligt, sowohl innerhalb der Sozial- als auch der Kulturpolitik.

Nicht unwesentlich ist dabei die Gründung des Allgemeinen Deutschen Musikvereins ADMV, der von Franz Liszt und Franz Brendel 1861 ins Leben gerufen wurde. Die Satzung umriß nach Liszt zwei grundlegende Aufgaben, nämlich die Pflege der Tonkunst und die Förderung der Tonkünstler.

Augenscheinlich wird, wie ähnlich sich die Grundprinzipien der beiden Vereine, des Tonkünstlerverbandes und des Allgemeinen Deutschen Musikvereins, sind und tatsächlich trugen sich die existierenden Tonkünstlervereine mit dem Gedanken, sich mit dem Allgemeinen Deutschen Musikverein zusammenzuschließen. Schließlich besuchte man gegenseitig die Versammlungen und Veranstaltungen. Viele Musiker waren auch beiden Vereinen zugehörig, wie die Mitgliederverzeichnisse der Jahre 1860/70 zeigen. Es herrschte auch keine saubere Begriffstrennung vor. Man sprach z. B. von Tonkünstlerfesten, meinte aber die des Allgemeinen Musikvereins.

Noch 1889 sprach z.B. Richard Strauß in einem Brief an den Generalintendanten des Hoftheaters und der Hofkapelle in Weimar, *Hans Bronsart von Schellendorf,* vom Tonkünstlerverein und meinte damit jedoch wiederum den Allgemeinen Deutschen Musikverein. Umgekehrt wurde Franz Liszt zu seinem 50-jährigen Künstlerjubiläum mit der Ehrenmitgliedschaft des Tonkünstlerverbandes ausgezeichnet wegen seiner großen Verdienste um den Verband.

Warum sich nun die beiden Vereine trotz ihrer sehr ähnlichen Zielsetzungen und Zusammenarbeit nicht zusammenschlossen, hatte drei Gründe. Zum einen lag es daran, daß der ADMV eindeutig »neudeutsche« Färbung hatte. Ab 1889 gehörten Strauß, Liszt, Berlioz, Bülow und Wagner zu den am häufigst aufgeführten Komponisten bei den Tonkünstlerversammlungen des ADMV[8]. Der zweite Grund lag an der 1861 veröffentlichten Satzung des ADMV, der als Mitglieder neben Tonkünstlern und Lehrern auch »Dilettanten« das Mitgliedsrecht einräumte, während sich der Tonkünstlerverband als reine Standesorganisation für Musikberufe verstand, mit dem Ziel, politisch Einfluß zu nehmen. Der dritte Grund war sicher auch, daß letztendlich, wie sich in der Verwirklichung des ADMV herausstellte, die Zielsetzungen jenes Verbandes aus Sicht des Tonkünstlerverbandes zu einseitig waren, da sie sich nur aus »künstlerischen« (Veranstaltungen, Notendruck etc.) und »Unterstützungszwecke« (finanzielle Unterstützung) von Tonkunst und Tonkünstler zusammensetzten. Mehr und mehr zeigte sich der ADMV als maßgebliche Institution ästhetischer und künstlerischer Neuansätze, während der deutsche Tonkünstlerverband neben seinen Konzertveranstaltungen, die im übrigen patriotisch auf deutsche Tonkünstler ausgerichtet waren, bereits von Anfang an wichtige Impulse im Bereich der Kulturpolitik gab und seine Position als Berufsorganisation verstand.

Schon ab 1847 tauchte deshalb in den Sitzungen der verschiedenen Tonkünstlervereine der Plan auf, alle bestehenden Tonkünstlervereine zusammenzuschließen, ohne diesen zunächst zu verwirklichen.

Eine erste Zusammenarbeit zeigte sich 1868 zwischen dem Berliner und Leipziger Tonkünstlerverein, die gemeinsam eine Eingabe über die Tantiemenpflicht an den Norddeutschen Reichstag richteten, die allerdings verspätet war, da die Frage kurz zuvor gesetzlich geregelt worden war. Auch mit dem Hamburger und Münchner Tonkünstlerverein hatten die beiden oben genannten steten Gedankenaustausch und gegenseitige Unterstützung der Tonkünstler, was sich schließlich darin manifestierte, daß am 7. Februar 1874 in Leipzig der feierliche Zusammenschluß der vier Tonkünstlervereine Berlin, Hamburg, Dresden und München erfolgte. Den ersten »Vorort«, der alle zwei Jahre wechselte, erhielt Berlin. Man nannte sich ab 1874
»Verband deutscher Tonkünstlervereine«[9].

Damit war ein Plan verwirklicht, der schon mit der ersten Tonkünstlerversammlung in Leipzig in Erwägung gezogen war. Greifbare Resultate

---

[8] vgl. Kaminiarz, Irina: Richard Strauß, Briefe aus dem Archiv des Allgemeinen Deutschen Musikvereins, Weimar 1995, S. 9 ff.
[9] vgl. Stege, Fritz: Zur Geschichte des »Reichsverbandes« in: Festbuch zur Hauptversammlung des Reichsverbandes. S. 21.

erwuchsen aus dieser Vereinigung noch nicht, man tauschte wertvolle Novitäten und Druckwerke aus und entsendete regelmäßig Delegierte zu den deutschen »Musikertagen«.

Bedauerlicherweise löste sich der *Leipziger Tonkünstlerverein* auf, während in München unter der Leitung von Prof. M. E. *Sachs* eine rege künstlerische Tätigkeit entfaltet wurde.

Der »Verband Deutscher Tonkünstler-Vereine« mit der Zentrale Berlin begründete am 8. Oktober 1874 eine eigene Zeitschrift, die »Harmonie«, die von Dr. Julius Alsleben, dem Berliner Vorsitzenden, redigiert wurde. 1878 wurde die Herausgabe allerdings wieder eingestellt, da der Absatz zu gering war und die behandelten Fragen von der Thematik her zu sehr begrenzt waren. Die Berliner suchten Anschluß an Bocks »Neuer Berliner Musikzeitung«, die Münchner dagegen an die von Hahn redigierte »Tonkunst«.

Am 11. Mai 1903 fand sich in der »Deutschen Tonkünstlerzeitung« ein allgemeiner Aufruf zur Begründung eines Zentralverbandes, der einer allgemeinen Verbesserung der Lage und der Gründung einer Pensionskasse für Musiker im besonderen dienen sollte. Am 10. Juli 1903 wurde im Rahmen des Allgemeinen Deutschen Tonkünstler- und Musiker-Delegiertentages im Rathaus zu Berlin der

»Centralverband Deutscher Tonkünstler und Tonkünstlerverein«[10]

gegründet. Der Verband hatte damals ca. 1.100 Mitglieder, die Hälfte davon Mitglieder des Berliner Tonkünstlervereins. Die vier Vorsitzenden waren die jeweiligen Ortsvorsitzenden der genannten Städte:

Kapellmeister	Adolf Göttmann	(Berlin)
Kapellmeister	Louis Seibert	(Köln)
	Theodor Raillard	(Leipzig)
	Julius Schweitzer	(München)

Die drei Schriftführerposten versahen:

	Richard Eichberg	(Berlin)
	Ludwig Schwarz	(Berlin)

---

[10]   vgl. Stege, Fritz: Zur Geschichte des »Reichsverbandes«. In: Festbuch zur Hauptversammlung des Reichsverbandes Deutscher Tonkünstler und Musiklehrer. S. 32.

Leopold Hausmann   (Berlin), Redakteur der
»Deutschen Tonkünstler-
Zeitung« seit 1902.

Die Gründung des Verbandes wurde wesentlich von dem tatkräftigen Engagement oben genannter Persönlichkeiten getragen. Ihnen war bewußt, daß eine ideelle wie materielle Anhebung des gesamten Musiklehrerstandes nur durch einen Zusammenschluß aller Gleichgesinnten erreicht werden kann.[11] Grundsätzlich kann vorweg festgehalten werden, daß der »Zentralverband Deutscher Tonkünstler und Musiklehrer« einerseits die Gewinnung korporativer Rechte anstrebte, wodurch der Verband rechtsfähig wurde und sein Ansehen bei den Behörden und der Öffentlichkeit mehr Gewicht bekam und andererseits um die Schaffung eines Verbandsorganes bemüht war, das jedes Einzelmitglied ansprechen und über Zweck und Aufgaben des Verbandes aufklären konnte.[12]

Dieses Organ erschien erstmals 1902 unter dem Titel »Deutsche Tonkünstler-Zeitung«. Ihren großen Aufschwung erlebte die Zeitung jedoch erst 1908 als Adolf Göttmann selbst die Schriftleitung übernahm. Sie vermittelte nicht nur zwischen den in weit entfernten Teilen des Reiches wohnenden Mitgliedern, sondern enthielt auch musikwissenschaftliche und musikpädagogisch wertvolle Beiträge.

---

[11] vgl. Fischer, Hans: 50 Jahre Verband Deutscher Tonkünstler und Musiklehrer. In: Musik und Unterricht. 10/1953. S. 273 f.

[12] vgl. hierzu sowie zum folgenden Fischer, Hans: 50 Jahre Verband Deutscher Tonkünstler und Musiklehrer. In: Musik und Unterricht. 10/1953. S. 273 f.

1.4. Vielfalt –
Der Zusammenschluß existierender Musikberufsverbände im Reichsverband Deutscher Tonkünstler und Musiklehrer bis 1922

Mit der Gründung des Zentralverbandes 1903 hatte die »Außenpolitik« des Berliner Tonkünstlervereins unter kräftiger Mitwirkung des Münchner Tonkünstlervereins eine breitere Basis geschaffen, die forthin wertvolle Früchte trug. So fanden alljährlich Delegiertenversammlungen statt mit tief greifenden Ergebnissen.

Die zweite ordentliche Delegiertenversammlung des »Zentralverbandes Deutscher Tonkünstler und Musiklehrer« fand vom 24. bis 25. September 1904 in Köln statt. Hier verabschiedeten die Delegierten unter anderem auch eine Resolution, die sich auf die Mitwirkung von Künstlern an Wohltätigkeitsveranstaltungen bezog. Als man auch gemeinsame Interessen mit dem »Reichsverband Deutscher Musiklehrerinnen« feststellte, knüpfte man Kontakte und führte zahlreiche Verhandlungen.

1906 veranstaltete der »Zentralverband Deutscher Tonkünstler und Musiklehrer« vom 5. bis 20. Mai die erste große Musikfachausstellung in der Berliner Philharmonie, die unter dem Ehrenpräsidium des Prinzen Friedrich Wilhelm von Preußen stand. Nachdem dieses Projekt außerordentlichen Anklang gefunden hatte, war dies Ansporn, auch in den folgenden Jahren weitere Musikfachausstellungen zu planen, so 1909 in Leipzig im Kristallpalast unter dem Protektorat König Friedrich August von Sachsen oder 1924 im Sportpalast in Berlin. Diese Musikfachausstellungen zählen zu den Vorläufern der Düsseldorfer Musikmessen und somit auch zu den Vorgängern der Frankfurter Musikmesse.

Zur dritten ordentliche Delegiertenversammlung des »Zentralverbandes Deutscher Tonkünstler und Musiklehrer« wurde am 8. September 1906 in den Festsaal der Akademie in München geladen. Im Mittelpunkt stand hier die weitere Ausgestaltung der verbandseigenen »Pensionskasse«.

In Frankfurt/Main, Ort der vierten Delegiertenversammlung, nahmen zum ersten Mal im Saal des Hoch'schen Konservatoriums die neu hinzugetretenen Vereine von Frankfurt/Main in ihrem Zusammenschluß als »Frankfurter Tonkünstler-Vereinigung« teil. An diesem Zusammenschluß partizipierten die: »Musikgruppe Frankfurt am Main der Musiksektion des A.D.L.V.«, »der Verein Frankfurter Musiklehrer« sowie der »Frankfurter Chordirigentenverband«.

Auf der siebten Delegiertenversammlung[13] im September 1910 in Krefeld konnte Adolf Göttmann den Anschluß des »Musikpädagogischen Verbandes zu Krefeld« und des »Vereins Sächsischer Musikschuldirektoren« verkünden.

1911 brachten die seit 1904 mit dem »Reichsverband Deutscher Musiklehrerinnen« geführten Verhandlungen acht Leitsätze als Grundlage für ein geplantes Kartell des »Reichsverbandes der Deutschen Musiklehrerinnen« mit dem »Zentralverband Deutscher Tonkünstler und Musiklehrer« hervor. In den weiteren Jahren traten noch weitere Vereinigungen und Verbände, wie beispielsweise der »Verein akademisch gebildeter Musiklehrer und -lehrerinnen zu Trier«, die »Pädagogischen Vereinigungen« von Düren und Solingen sowie der »Verband der Direktoren Deutscher Konservatorien und Musikseminare« dem Zentralverband bei. Somit war 1919 die Zahl der dem Zentralverband angegliederten Vereine und Verbände auf 14 gestiegen.

Mit dem Ausbruch des ersten Weltkrieges wurde die Tätigkeit des »Zentralverbandes Deutscher Tonkünstler und Musiklehrer« drastisch eingeschränkt. Dies zeigt sich unter anderem auch daran, daß in dieser Zeit keine Delegiertenversammlungen einberufen wurden. Allerdings ließ der politische Umschwung nach Kriegsende unter den deutschen Musikorganisationen ungebrochenes Interesse an einem gemeinsamen Vorgehen in allen Standesfragen laut werden. Am 20. November 1918 erfolgte auf Einladung des Zentralverbandes eine Grundsatzdiskussion über die veränderten politischen Verhältnisse, wobei auf Drängen des »Allgemeinen Deutschen Musikvereins« eine Versammlung für den 1. Dezember 1918 anberaumt wurde. An dieser Sitzung, die von Prof. Dr. Max von Schillings und Dr. Friedrich Rösch geleitet wurde, nahm neben dem »Verband der konzertierenden Künstler Deutschlands«, der »Genossenschaft Deutscher Tonsetzer«, dem »Musikpädagogischen Verband« und anderen Vereinigungen auch der »Zentralverband Deutscher Tonkünstler und Musiklehrer« teil. Das Resultat war die Erarbeitung einer Satzung der neu gegründeten »Vereinigung der Berufsverbände der Deutschen Tonkünstler«, deren Vorstand Dr. Friedrich Rösch (Ressort: Schaffende Musiker), Prof. Dr. Max von Schillings (Ressort: Ausübende Musiker) und Adolf Göttmann (Ressort: Musiklehrende) angehörten. Allerdings kam es infolge von Schwierigkeiten und Mißverständnissen

---

[13] Quellen zur fünften und sechsten Delegiertenversammlung waren nicht auffindbar.

alsbald zur Auflösung dieser Organisation. Auf Grund der Erkenntnis, daß es nahezu aussichtslos war, alle drei Gruppen zu einer großen Gemeinschaft zusammenzufassen, konzentrierte sich Adolf Göttmann im weiteren ausschließlich auf die Gruppe der Musiklehrenden. Daraufhin kam es am 31. März und am 2. April 1919 zu Erklärungen der pädagogischen Gruppe angehörenden Verbände der ehemaligen »Vereinigung der Berufsverbände der Deutschen Tonkünstler«, eine Interessengemeinschaft eingehen zu wollen. Diese sollte den Titel »Vereinigte Musikpädagogische Verbände« (V.M.V.) tragen. Adolf Göttmann, der Vorsitzende des »Zentralverbandes Deutscher Tonkünstler und Musiklehrer« und Initiator des neuen Verbandes ist auch hier zum ersten Vorsitzenden gewählt worden.

Zur Zeit ihrer Gründung bestanden die »Vereinigten Musikpädagogischen Verbände« aus neun pädagogischen Vereinigungen, darunter der »Zentralverband Deutscher Tonkünstler und Musiklehrer«, der »Reichsverband der Deutschen Musiklehrerinnen« sowie die »Organisation Deutscher Musiklehrkräfte« (O.D.M.), um nur einige zu nennen.

Fast unbeachtet nach den ganzen Kriegswirren und der damit verbundenen schwierigen wirtschaftlichen und politischen Situation beging im selben Jahr der »Berliner Tonkünstler-Verein« sein 75jähriges Jubiläum.[14] Im Rahmen der Festivitäten wurde ein Kompositionswettbewerb für Kammermusik durchgeführt sowie eine für die Geschichte des Verbandes sehr wertvolle Festschrift erstellt, die der Musikwissenschaftler und spätere Berliner Hochschuldirektor Dr. Georg Schünemann verfaßte.

1920 legte nach 25jähriger Vorstandstätigkeit Adolf Göttmann seinen Vorsitz nieder und der von ihm designierte Arnold Ebel, Meisterschüler von Max Bruch, wurde zum Vorsitzenden des Berliner Tonkünstler-Vereins gewählt. Des weiteren wurde Ebel, nachdem Göttmann am 23. September 1920 verstorben war, jeweils zum Vorsitzenden des »Zentralverbandes Deutscher Tonkünstler und Musiklehrer« und der »Vereinigten Musikpädagogischen Verbände« gewählt und übernahm auch die redaktionelle Leitung der »Deutschen Tonkünstler-Zeitung«.[15]

---

[14]   vgl. hierzu sowie zum folgenden Vetter, Hans-Joachim: Die Tonkünstlerverbände 1844–1984. Regensburg 1984, S. 21.

[15]   vgl. hierzu sowie zum folgenden Stege, Fritz: Zur Geschichte des »Reichsverbandes«. In: Festbuch zur Hauptversammlung des Reichsverbandes Deutscher Tonkünstler und Musiklehrer. S. 26 ff.

Zu diesem Zeitpunkt erkannte man, daß die Interessenvertretung der Musiker in Zukunft weiter gestärkt werden müsse, wenn diese nicht ins existentielle Abseits gleiten sollten. Es sollte ein Verband ins Leben gerufen werden, der auf Grund seiner Mitgliederstärke auch genügend gesellschaftspolitisches Gewicht besitzen sollte, um die Interessen seiner Mitglieder auch angemessen vertreten zu können. Dies konnte aber nur gelingen, wenn ein Zusammenschluß der verschiedenen damals existierenden Musikerfachverbände zustande kommen würde. Da sich alle Betroffenen dieser Erkenntnis bewußt waren, wurden in der Folgezeit zahlreiche Gespräche und Verhandlungen unter den Verbänden geführt, bis man sich 1922 zu einem neuen mitgliederstärkeren Gesamtverband, dem

> »Reichsverband Deutscher Tonkünstler
> und Musiklehrer – RDTM«

zusammenschloß.

1.5. Blütezeit und Auflösung – Der Reichsverband Deutscher Tonkünstler und Musiklehrer bis 1934

Am 1. und 2. Juli 1922 erfolgte in Frankfurt/Main der bereits angedeutete dringend erforderliche Zusammenschluß der »Organisation Deutscher Musiklehrkräfte (O.D.M.)« mit dem Reichsverband Deutscher Musiklehrerinnen« und dem »Zentralverband Deutscher Tonkünstler und Musiklehrer«. Satzungsgemäß erhielt die Vereinigung der drei Groß-Organisationen den Namen »Reichsverband Deutscher Tonkünstler und Musiklehrer (RDTM)«.[16]

Der Vorstand setzte sich wie folgt zusammen:

Arnold Ebel	1. Vorsitzender (bisheriger Vorsitzender des Zentralverbandes)
Willy Rott	geschäftsführender Vorsitzender (Vorsitzender der O.D.M.)
Maria Leo	2. Vorsitzende (Vorsitzende des Reichsverbandes der Deutschen Musiklehrerinnen)

Somit unterstand der neue Reichsverband drei organisatorisch geschulten und bereits genügend »kampferprobten« Persönlichkeiten und Führungskräften.

Der weitere Vorstand wurde gebildet aus:

Prof. Charlotte Pfeffer	stellvertretende Vorsitzende
Max Pohl	Schatzmeister
Prof. Albert Fischer	stellvertretender Schatzmeister
Otto Nikitis	1. Schriftführer
Oscar Casterra	2. Schriftführer
Dr. Marie Therese Schmücker	3. Schriftführerin
Katharina Ligniez	Leiterin der Reichsfrauengruppe

Zum ersten Mal veranstaltete der »Reichsverband« im Jahre 1924 eine reichsdeutsche Vertretertagung unter starker Beteiligung seiner Verbandsmitglieder in Dortmund. Hier wurde Prof. Dr. Max von Schillings einstimmig zum Ehrenvorsitzenden ernannt, der im übrigen von 1909 bis 1919 Vorsitzender des Allgemeinen Deutschen Musikvereins war.

---

[16] vgl. hierzu sowie zum folgenden Kestenberg, Leo (Hrsg.): Jahrbuch der deutschen Musikorganisation. Berlin 1931. S. 60 und vgl. auch Vetter, Hans-Joachim: Die Tonkünstlerverbände 1844–1984. S. 43.

Die Neuorganisation der drei zusammengeschlossenen Verbände, die Aufteilung in Landes- und Provinzialverbände, die Errichtung von Geschäftsstellen sowie die organisatorische Bearbeitung verschiedener Landesteile war innerhalb kürzester Zeit entweder bereits eingeleitet oder schon zum Abschluß gebracht worden, womit der Verband seine Basis enorm ausbauen konnte.

Verzeichnis der 1926 existierenden Landes- bzw. Provinzialverbände und ihrer Vorsitzenden:[17]

Landesverbände:
Baden: 1. Vors. Julius Weismann, Freiburg.
Bayern: 1. Vor. Prof. H. W. v. Waltershausen, München.
Braunschweig: 1. Vors. Else Petersen, Braunschweig.
Hansastädte: 1. Vors. Edmund Schmid, Lüneburg.
Hessen: 1. Vors. Städt. Musikdir. W. Schmitt, Darmstadt.
Mecklbg.-Schwerin: 1. Vors. Dr. Erich Reipschläger, Rostock.
Mecklbg.-Strelitz: 1. Vors. Eberhard Wenzel, Neubrandenburg.
Sachsen: 1. Vors. Prof. Walter Petzet, Dresden.
Thüringen: 1. Vors. Prof. Richard Wetz, Erfurt.
Württemberg: 1. Vors. Prof. Alex. Eisenmann, Stuttgart.

Provinzialverbände:
Brandenburg: 1. Vors. Arnold Ebel, Berlin.
Hannover: 1. Vors. Dir. Walter Höhn, Hannover.
Hessen-Nassau: 1. Vors. Staatskapellmeister Dr. R. Laugs.
Ostpreußen: 1. Vors. Studienrat Walter Kühn, Königsberg.
Pommern: 1. Vors. Musikdirektor Robert Wiemann, Stettin.
Rheinland: 1. Vors. Direktor Adolf Siewert, Barmen.
Sachsen: 1. Vors. Generalmusikdirektor Erich Band, Halle.
Schlesien: 1. Vors. Franz Bollon, Breslau.
Schleswig-Holstein: 1. Vors. Prof. Felix Woyrsch, Altona.
Westfalen: 1. Vors. Städt. Musikdir. Carl Holtschneider,
                            Dortmund.

Einzel-Mitglieder waren:

Pianistin Agnes *Ax*, Siegen / Generalmusikdirektor Erich *Band*, Halle a.d.S. / Prof. Waldemar v. *Baußner*, Berlin / Generalmusikdirektor Pro-

---

[17] Stege, Fritz. a.a.O. S. 29 f. und Kestenberg, Leo (Hrsg.) Jahrbuch der deutschen Musikorganisation, Berlin 1931

fessor Ernst *Boehe*, Ludwigshafen a. Rh. / Professor Walter *Braunfels*, Direktor der Hochschule für Musik, Köln / Generalmusikdirektor Fritz *Busch*, Dresden / Professor Dr. Walter *Courvoisier*, München / Kammersängerin Anna *Erler-Schnaudt*, München / Städt. Musikdirektor Max *Fiedler*, Essen / Pianist Dr. Walter *Georgii*, Köln-Lindenthal / Professor Paul *Gräner*, Leipzig / Seminarleiterin Elisabeth *Güntzel*, Wiesbaden / Prof. Josef *Haas*, München / Sophie *Henkel*, Direktor der Frankfurter Musikhochschule, Frankfurt a. M. / Musikdirektor Bruno *Heydrich*, Halle a./S. / Musikschriftsteller Artur *Holde*, Frankfurt a. M. / Prof. Walter *Josephson*, Direktor des Städt. Konservatoriums, Duisburg / Komponist Hugo *Kaun*, Bln.-Zehlendorf / Prof. Wilhelm *Kempf*, Berlin / Generalmusikdirektor Dr. Ernst *Kunwald*, Berlin / Komponist Hermann *Kundigraber*, Direktor der Staatl. Musikschule, Aschaffenburg / Musikdirektor Dr. Albert *Mayer-Reinach*, Hamburg / Seminarleiterin Maria *Leo*, Berlin / Katharina *Ligniez*, Kassel / Akademiedirektor Prof. Dr. Hans Joachim *Moser*, Berlin / Elise *Müller-Flügger*, Hamburg / Professor Lula *Mysz-Gmeiner*, Berlin-Charlottenburg / Dr. Elisabeth *Noack*, Kiel / Konzertsängerin Martha *Oldenburg*, Berlin / Professor Charlotte *Pfeffer*, Berlin / Professor August *Reuß*, München / Professor E. N. v. *Reznicek*, Berlin / Hedwig *Ribbeck*, Berlin / Komponist Bernhard *Sekles*, Direktor des Dr. Hochschen Konservatoriums, Frankfurt a. M. / Universitätsprofessor Dr. Max *Schneider*, Halle a. d. S. / Generalmusikdirektor Paul *Scheinpflug*, Dresden / Kapellmeister Hermann *Scherchen*, Berlin / Universitätsprofessor Dr. Arnold *Schering*, Berlin / Städt. Musikdirektor Wilhelm *Schmitt*, Darmstadt / Professor Kurt *Schubert*, Berlin / Hochschuldirektor Professor Georg *Schünemann*, Berlin / Generalmusikdirektor Karl *Schuricht*, Wiesbaden / Komponist Heinz *Tiessen*, Berlin / Komponist Dr. Ernst *Toch*, Berlin / Komponist Dr. Hermann *Unger*, Köln / Generalmusikdirektor Prof. Dr. Fritz *Volbach*, Münster i. W. / Kapellmeister Fritz *Wenneis*, Berlin / Universitätsprofessor Dr. Johannes *Wolf*, Direktor der Staatsbibliothek Berlin / Geh. Regierungsrat Professor Dr. Hermann *Zilcher*, Würzburg.

1926 umfaßte der Reichsverband etwa 150 Ortsgruppen mit insgesamt über 9.000 Mitgliedern.
Mitglied konnte jeder werden, der eine ausreichende fachliche Vorbildung nachweisen konnte. Zudem war jedes weibliche Mitglied zugleich Mitglied der Reichsfrauengruppe, die als Fachverband dem »Allgemeinen Deutschen Lehrerinnenverband« angegliedert war.

Grundlegende Förderungen für eine günstige Weiterentwicklung des Verbandes wurden ferner durch Beschlüsse, Vortragstätigkeiten sowie

Musikfestlichkeiten erzielt. Darüber hinaus setzten sich die drei Kultur-
minister Adolf Hoffmann, Conrad Hänisch und Prof. Dr. Otto Becker
für eine prosperierende Entwicklung des Reichsverbandes nachdrücklich
ein.

Besonders folgenreich für das gesamte Musikwesen war 1929 die Berufung von Leo Kestenberg als Ministerialrat in das preußische Kultusministerium. Er konnte dieses Amt bis Ende 1932 wahrnehmen und die
seit Jahrzehnten anstehenden Reformen von Musikerziehung und Musikpflege durchführen. Reformen, die trotz des »Weitergehens« der Zeit
ihre Bedeutung bis heute nicht verloren haben.

In Halle/Saale wurde vom 7.–11. Oktober 1926 die zweite »Vertretertagung« durchgeführt unter dem Motto:

»Festliche Tagung« des
»Reichsverbandes Deutscher Tonkünstler und Musiklehrer«.

Man wählte das Motto aus dem Grund, um nach außen hin zu dokumen-
tieren, daß der Verband hohes künstlerisches Niveau durch Aufführung
von Werken bedeutender Komponisten mit bekannten und renommierten
Interpreten förderte, die aus den Reihen der eigenen Verbandsmitglieder
entstammten. Das Besondere dieser Tagung in Halle war die Durchführung eines »Pädagogischen Tages«, der in Form von Referaten und
Diskussionen wichtige Beziehungen zwischen Schul- und Hausmusik,
zwischen der Erziehung zur Musik in der Schule und durch den Privatmusikunterricht klarlegen sollte.

Ein bedeutungsvolles Ereignis in der Geschichte des »Reichsverbandes
Deutscher Tonkünstler und Musiklehrer (RDTM)« war zweifelsohne
die Jubiläumstagung anläßlich des 25jährigen Bestehens, die vom 1. bis
6. Oktober 1928 in Darmstadt, also noch vor Ausbruch der Wirtschafts-
krise, veranstaltet wurde. Zur Begründung dieses scheinbar vorgezogenen
Jubiläums seien die Worte Arnold Ebels aus der Festschrift zitiert:

»So ganz stimmt das nicht mit der 25-Jahrfeier des ›Reichsverbandes‹. Eigentlich begehen wir nur das Jubiläum des 1903
gegründeten ›Zentralverbandes Deutscher Tonkünstler‹.«

Diese Festwoche, die im übrigen die einzige Großveranstaltung des Verbandes vor 1933 war, stellt eine beeindruckende Präsentation der Arbeit
des Reichsverbandes dar:

Plan der Festwoche
1.–6. Oktober 1928
des »Reichsverbandes Deutscher Tonkünstler und Musiklehrer (RDTM)«

Montag, den 1. Oktober 1928:
10 Uhr: Sitzung des Elferausschusses in der Städtischen Akademie für Tonkunst, Elisabethenstraße 36.
15 Uhr: Sitzung des Gesamtvorstandes und des Beirates im Saale des Rathauses, Marktplatz.
19.30 Uhr: 1. Kammermusikkonzert im Städt. Saalbau.
Anschließend: Begrüßung durch die »Ortsgruppe Darmstadt« des R.D.T.M. im Orangeriehaus (Orangeriegarten). Für die Rückfahrt stehen Sonderwagen der Elektrischen Straßenbahn zur Verfügung.

Dienstag, den 2. Oktober 1928:
8 Uhr: Sitzung der »Reichsfrauengruppe« in der Technischen Hochschule, Saal 138 (Erdgeschoß, Eingang Westportal).
10 Uhr: Eröffnung der Tagung durch einen akadem. Festakt aus Anlaß des 25jähr. Bestehens des R.D.T.M. im Vestibül des Landesmuseums.
1. Drei geistliche Frauenchöre a cappella von
    Robert Hernried
(Worte vom Komponisten)
a) Maria stund und weinte,
b) Lieb Jesulein,
c) Litanei,
Gesungen von der »Vereinigung Darmstädter Solistinnen« (Leiter: Bernd Zeh).
2. Eröffnung der Festlichen Tagung durch den Ehrenvorsitzenden, Generalmusikdirektor Prof. Dr. Max von Schillings.
3. Festrede des Herrn Prof. Dr. Arnold Schering, Berlin.
4. Begrüßung durch den Vorsitzenden des R.D.T.M. Arnold Ebel, Berlin und Ansprachen der Vertreter des Reiches, der staatl. und städt. Behörden und der Verbände.
5. Streichquartett   Robert Müller-Hartmann
(Manuskript)
Das Schnurrbusch-Quartett, Darmstadt.

Anschließend: Besichtigung der mit Genehmigung des Hess. Ministeriums für Kultus u. Bildungswesen aus Anlaß der Tagung veranstalteten Ausstellung der Hess. Landesbibliothek in den Räumen der Gemäldegalerie des Hess. Landesmuseums.

Zu etwa gewünschten Auskünften stehen zur Verfügung: Landesbibliotheksdirektor Dr. Voltz, Prof. Dr. Feigel, Direktor des Landesmuseums, Prof. Dr. Noack.

19.30 Uhr: Im Landestheater: Uraufführung der Oper »Die schwarze Kammer« von Ernst Roters.

Mittwoch, den 3. Oktober 1928:

10 Uhr: Hauptversammlung des R.D.T.M. im Städt. Saalbau.

In der Hauptversammlung haben nur die durch schriftlichen Ausweis legitimierten Delegierten Sitz und Stimme. Verbandsmitglieder haben gegen Vorzeigung der Mitgliedskarte Zutritt. Die Hauptversammlung ist nicht öffentlich.

17 Uhr: Vortragsabend der Städtischen Akademie für Tonkunst im Städt. Saalbau unter Leitung des Musikdirektors Wilhelm Schmitt.

20.30 Uhr: Empfang durch die Stadt Darmstadt im Städt. Saalbau.

Donnerstag, den 4. Oktober 1928:

10 Uhr: Fortsetzung der Hauptversammlung im Saalbau.

16 Uhr: Gemeinschaftliches Kaffeetrinken auf dem Oberwaldhaus.
(Elektrische Straßenbahn, Linie 6 u. 7.)

20 Uhr: 1. Konzert des Landestheater-Orchesters im Hessischen Landestheater.

Freitag, den 5. Oktober 1928:

11 Uhr: II. Kammermusikkonzert im Städt. Saalbau. Nachm.-Ausflug nach der vorderen Bergstraße.
Treffpunkt: 15 Uhr Verkehrsbüro, elektr. Fahrt nach dem Böllenfalltor, von da auf bequemen Wegen zur Wilbrands-, Marien- und Ludwigshöhe, hier gemeinschaftlichen Kaffee, Konzert des Städt. Orchesters. Vom Böllenfalltor außerdem bequemer Fußweg in 15 Minuten direkt zur Ludwigshöhe.

20½ Uhr: Chorkonzert in der Pauluskirche.

Sonnabend, den 6. Oktober 1928:

10 Uhr: Schlußsitzung der Hauptversammlung und Vorstands-
wahl.

15 Uhr: Vorträge über moderne musikwissenschaftliche Probleme im Auditorium maximum der Techn. Hochschule,
Saal 326, 2. Obergeschoß, Eingang Westportal.

    a) Willi v. Moellendorf, Komponist und Schriftsteller
aus Gießen, Erfinder der »Klaviatur für ein Ta-
steninstrument mit Vierteltönen«: Vortrag am
bichromatischen Harmonium.

    b) Jörg Mager. Demonstration der elektrischen Musik.

20 Uhr: II. Konzert des Landestheater-Orchesters im Hessischen Landestheater.

Wenngleich die Arbeit des RDTM in den Anfangsjahren trotz der diver-
sen Schwierigkeiten von Erfolg gekrönt war, so konnten doch die von
Jahr zu Jahr sich verstärkenden Spannungen im kulturpolitischen Raum
auf Verbandsebene nicht unbeachtet bleiben, wenn man nicht in die
Isolation geraten wollte.[18] Deshalb trat man von Seiten des RDTM im
Frühjahr 1932 mit dem Leiter des »Kampfbundes für Deutsche Kultur«,
Prof. Dr. Gustav Havemann, in Kontakt.[19] Ziel dieser Kontaktaufnahme
war es, die Möglichkeiten der Verständigung offenzuhalten für den Fall
eines politischen Umschwungs, der dann ja auch am 30. Januar 1933
eingetreten ist.

Nach dem 30. Januar 1933 wurde zügig die »Umwandlung« aller aus der
Weimarer-Zeit herstammenden Organisationsformen abgewickelt. Unter
dem Druck der Repressalien des NS-Regimes blieb allen Parteien nur
mehr die Möglichkeit ihrer Auflösung. Das gleiche Los traf auch die
Gewerkschaften, sämtliche Berufsorganisationen sowie die verschiedenen Jugendverbände. Schon vor 1933 waren im Rahmen der NSDAP
provisorische Behörden geschaffen bzw. geplant worden, die nun in
relativ kurzer Zeit zu offiziellen Staatsorganen umfunktioniert werden
konnten. Der gesamte Kulturbereich wurde im Wesentlichen durch das
»Reichsministerium für Volksaufklärung und Propaganda« unter Minister
Goebbels in der sogenannten »Reichskulturkammer« zusammengefaßt.
Diese gliederte sich in eine Anzahl von Einzelkammern, eine davon war
die Reichsmusikkammer:

---

[18]   vgl. Vetter, Hans-Joachim: Die Tonkünstlerverbände 1844–1984, S. 34.

[19]   vgl. Protokoll zur Sitzung des Gesamtvorstandes des Reichsverbandes
Deutscher Tonkünstler und Musiklehrer, Kassel 09.06.1934.

DIE REICHSMUSIKKAMMER
(Feierliche Eröffnung 15.11.1933)

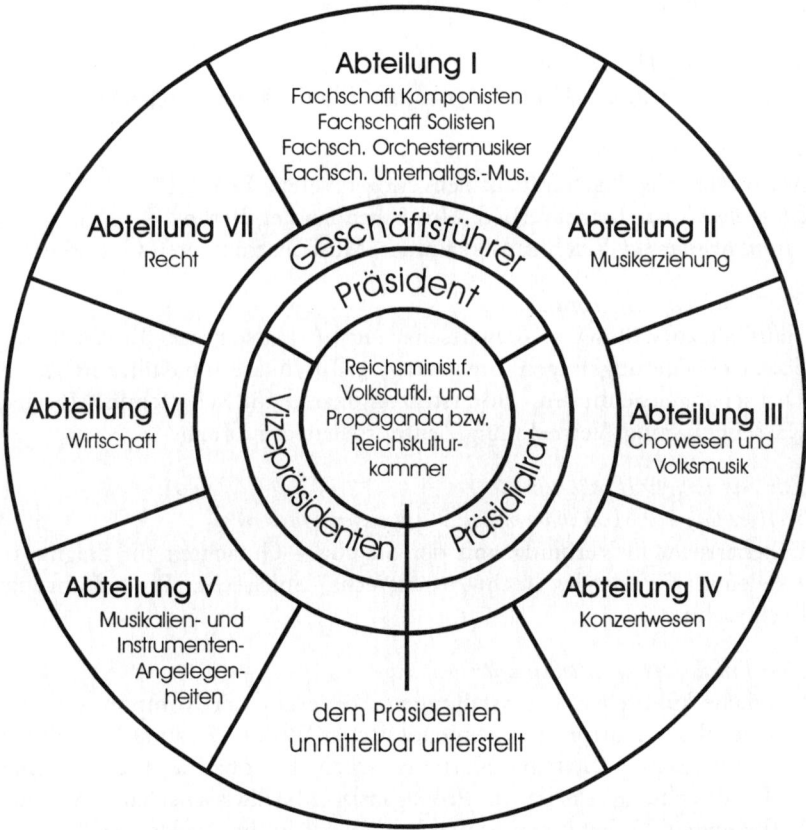

Zur Abteilung I gehörten:
Fachschaft Komponisten, Fachschaft Solisten, Fachschaft Orchestermusiker, Fachschaft Unterhaltungsmusiker

Zur Abteilung II gehörten:
Fachschaft Musikerzieher, Privatmusikunterricht, Musikschulen, Lehrlingskapellen, sonst. Unterrichtswesen, Jugendmusik, Hausmusik

45

Zur Abteilung III gehörten:
Chorleiter, Männerchöre (D.S.B.), gemischte Chöre Reichsverband der
gemischten Chöre, Reichsverband der evangel. Kirchen und Posaunen-
chöre, Volksmusik

Zur Abteilung IV gehörten:
Konzertveranstalter, Konzertvermittler, Blindenkonzertstelle, Stagma

Zur Abteilung V gehörten:
Musikalienverlag Dtsch. Musikalienverleger Verein, Leipzig,
Musikalienhandel Reichsverb. d. Musikalienhändler, Berlin,
Arbeitsgemeinschaft Reichsmusikkammer, Musikinstrumenten Gewerbe

Zur Abteilung VI gehörten:
Haushaltsaufstellung u. -bewirtschaftung, Arbeitseinsatz, Tarifordnung,
Sozialversicherungsfragen, Steuerfragen, Zuschüsse für Kulturorchester,
Devisenangelegenheiten, Unterstützungskasse für schaffende Musiker,
Kassengebarung, Verrechnung Zentralstellenvermittlung

Zur Abteilung VII gehörten:
Vorbereitung von Anordnungen und Verfügungen Musikrecht
Urheberrecht in Verbindg. mit der Stagma – Gutachten für Stagma u.
Akademie für dtsch. Recht-Arbeitsrecht, Spielrecht, Prozeßführung,
Rechtsschutz

Dem Präsidenten unmittelbar unterstellt waren:
Sämtliche kulturellen Veranstaltungen, Förderung der Komponisten, des
Nachwuchses, Aufführung zeitgenössischer Werke, Gesamte Verwaltung
und Organisation, Statistik, Kartei u. Archiv, Personalfragen d. Kammer
u. Landesleitung, Presse u. Propaganda, Musikwissenschaft, Akustik,
Erfindungen, Verleihung v. Stipendien, Fachzeitschr. Auslandsstelle

Präsident:	R. Strauss, nach 1935: Prof. P. Raabe (beide Vorsitzende des ADMV)
Stellvertretender Präsident:	W. Furtwängler
Vizepräsidenten:	Generalintendant Dr. H. Drewes, Dr. h.c. P. Graener (zugleich Leiter der Fachschaft Komponisten)
Geschäftsführer:	Heinz Ihlert
Präsidialrat:	Prof. G. Havemann, Prof. Dr. Fr. Stein, Prof. Paul Graener, G. Kärnbach
Präsidialrat:	(nach 1935) Prof. Dr. Fr. Stein, Fritz Kaiser, Horst Sander, Kapellmeister Franz Adam, Leibstandarten-Obermusikmeister Hermann Müller-John, Staatsrat Dr. Friedrich Krebs, GMD Hermann Stange

Am 16. April 1933 wurde »der Hauptvorstand des R.D.T.M. im Sinne der nationalen Regierung neu gebildet«[20]. Prof. Dr. Gustav Havemann übernahm – ohne Abstimmung der Vertreter des Reichsverbandes – den Vorsitz und löste Arnold Ebel in seiner bisherigen Funktion ab.

Der Hauptvorstand bildete sich wie folgt aus:

1. Vorsitzender: Prof. Dr. Gustav Havemann
Geschäftsführender Vorsitzender: Arnold Ebel
Stellvertretender Geschäftsführender Vorsitzender: Heinz E. Ihlert
1. Schriftführer: Dr. Marie-Therese Schmücker
2. Schriftführer: Oskar Casterra
3. Schriftführer: Greta Daeglau
1. Schatzmeister: Max Pohl
2. Schatzmeister: Prof. Albert Fischer
Beisitzer Willy Rott, Fritz von Borries, Max Gneiss, Hans-Georg Görner, Willy Görner.

Des weiteren blieben mit beratender Stimme im Hauptvorstand:
Mary Hahn, Otto Nikitis, E. N. von Reznicek, Prof. Kurt Schubert, Prof. Dr. Georg Schumann.

Maria Leo war auf Grund der Politik des NS-Regimes gezwungen, ihr Amt im Hauptvorstand niederzulegen, da ihr Großvater getaufter Jude war.[21]

Die Liquidation und Eingliederung des »Reichsverbandes Deutscher Tonkünstler und Musiklehrer (RDTM)« in die Reichsmusikkammer als Fachschaft III in die Abteilung II zum 1. Januar 1934 wurde vom Hauptvorstand am 29. Dezember 1933 beschlossen.[22]

Die definitive Auflösung des RDTM fand allerdings erst am 9. und 10. Juni 1934 anläßlich der Mitgliederversammlung in Kassel statt.[23]

---

[20] Protokoll der Besprechung zwischen Prof. Dr. Gustav Havemann und Arnold Ebel, Berlin, 18.04.1933. Vgl. außerdem Rundschreiben Nr. 1/1933 vom 21.04.1933 (Berlin)

[21] vgl. Protokoll zur Sitzung des Gesamtvorstandes des »Reichsverbandes Deutscher Tonkünstler und Musiklehrer« vom 09. und 10.6.1934 in Kassel.

[22] vgl. Protokoll zur Sitzung des Hauptvorstandes des »Reichsverbandes Deutscher Tonkünstler und Musiklehrer« vom 29.12.1933.

[23] Protokoll zur Sitzung des Gesamtvorstandes des »Reichsverbandes Deutscher Tonkünstler und Musiklehrer« vom 09. bis 10.06.1934 in Kassel.

Was die Arbeit der Fachschaft III, also des ehemaligen Reichsverbandes, in den Jahren von 1934 bis 1945 betrifft, so stößt man immer wieder auf Aktivitäten von Mitgliedern. Zeugnis dafür geben z.B. die Mitteilungsblätter des »Nachrichtendienstes« der Fachschaft Musikerziehung in der Reichsmusikkammer.

Auch für den Anfangs erwähnten Allgemeinen Deutschen Musikverein brachte das Jahr 1933 einen tiefen Einschnitt in die Geschichte des Vereins, der mit seiner liberalen Grundorientierung bald zum Gegenstand nationalsozialistischer Angriffe wurde und sich der Gleichschaltung zu stellen hatte. Bis zum Tonkünstlerfest 1936 in Weimar wurden immer noch bereits »verbotene« Werke aufgeführt, vor allem dank des ungeheuren Einsatzes des Vorsitzenden des Musikausschusses, Joseph Haas.

Da sowohl Richard Strauß als auch Peter Raabe zugleich Präsidenten der Reichsmusikkammer und Vorsitzende des ADMV waren, erhofften sich viele ADMV-Mitglieder auf Grund dieser Personalunion, die selbständige Stellung des ADMV aufrecht erhalten zu können. Doch auch diese Hoffnungen wurden zerstört. Die endgültig letzte Tonkünstlerversammlung des ADMV fand 1937 in Darmstadt und Frankfurt am Main statt, wobei die wichtigste Uraufführung Carl Orffs »Carmina burana« war.

Auch hier übte die NSDAP Druck aus: Die mittlerweile in Europa unter Musikern weit verbreiteten großen Tonkünstlerfeste mußten ab 1935 wieder Tonkünstlerversammlungen genannt werden und wurden 1938 abgelöst von den Reichsmusiktagen.[24]

---

[24]   vgl. Kaminiarz, Irina: Richard Strauß, Weimar 1995, S. 18 f.

1.6. Neue Hoffnung –
Der Deutsche Tonkünstlerverband nach 1945

Daß bereits im Herbst 1945, in einer Zeit größter materieller und existentieller Not, vielerorts neues geistiges sowie künstlerisches Leben zu keimen begann, ist wohl nur unter dem Begriff »Wunder« zu subsumieren. Das Ganze vollzog sich natürlich notgedrungenermaßen mit primitivsten Mitteln, aber nichtsdestoweniger mit höchstem persönlichen Engagement und hohem künstlerischen Verantwortungsbewußtsein. »In Ruinen wurde Theater gespielt, die Orchester fanden sich sehr bald ›irgendwie‹ wieder zusammen, Konzerte jeder Art wurden in notdürftig wiederhergestellten Sälen veranstaltet, in Notdrucken wurde bislang verbotene oder inzwischen neu erschienene Literatur veröffentlicht und ›verschlungen‹.«[25]

Das erste Zusammenfinden der alten Mitglieder des ehemaligen »Reichsverbandes Deutscher Tonkünstler und Musiklehrer (RDTM)« fand ebenfalls im Herbst 1945 statt.

Die von 1933 bis 1945 vom damaligen NS-Regime restriktiv unterbundene Verbandsarbeit konnte nur mühsam wieder aufgenommen werden. Der »Freie Deutsche Gewerkschaftsbund (FDGB)« war zunächst die einzige Institution, die an den Wiederaufbau der Berufsorganisationen gehen durfte und die auch Musikberufe aufnahm. Nachfolger des FDGB auf Bundesebene waren die »Deutsche Angestellten Gewerkschaft (DAG)«, die im April 1949 und der »Deutsche Gewerkschaftsbund (DGB)«, der im Oktober desselben Jahres gegründet wurde. Die Tatsache, daß der FDGB von 1945 und seine beiden Nachfolgegewerkschaften, auch diverse Gruppierungen von Musikern und Musikerziehern aufnahmen, hatte für die folgenden Jahre die Aufbauarbeit eines neuen Bundesverbandes der Tonkünstler erschwert, der, um seinen Status zu festigen, eine breite Basis an Mitgliedern benötigte. Daß diese Gewerkschaften, die mehr eine Vertretung der wirtschaftlichen Interessen der Musiker waren und weniger um die Lösung von Fachfragen sowie um die Aus- und Fortbildung ihrer Mitglieder bemüht waren, dennoch reichen Zuspruch von Seiten der Musiker erfuhren, ist wohl eindeutig in der allgemeinen schlechten wirtschaftlichen Lage vieler Musiker nach dem Krieg zu sehen. Allen widrigen Umständen zum Trotz gelang es

---

[25]   vgl. hierzu sowie zum folgenden Vetter, Hans-Joachim: Tonkünstlerverbände 1844–1984, Regensburg 1984, S. 64 ff. und S. 84.

1946 Dr. Marie-Therese Schmücker nach ihrer Berufung in das Kultusministerium in Düsseldorf, zusammen mit dem Direktor der Städtischen
Musikschule Dortmund, Carl Holtschneider, den »Verband Deutscher
Tonkünstler und Musiklehrer (VDTM)« in Nordrhein-Westfalen neu
aufzubauen. Diesem Beispiel folgten die übrigen Länder, nachdem
zunächst die Ortsvereine gegründet worden waren. So existierten 1948
bereits wieder Landesverbände in Bayern, Baden-Württemberg und
Schleswig-Holstein. Der Landesverband Bremen nahm seine Arbeit
1949 auf und die Landesverbände Hessen, Niedersachsen sowie Rhein-
land-Pfalz folgten alsbald.

Die nach und nach neu gegründeten Landesverbände schlossen sich
dem

»Verband Deutscher Tonkünstler und Musiklehrer (VDTM)«

an, wobei der Zusammenschluß als Untertitel den Zusatz

»Offizielle Arbeitsgemeinschaft der Landesverbände«

annahm. Am 31. August 1951 änderte man einstimmig den Namen in:

»Vereinigung der Landesverbände Deutscher Tonkünstler
und Musiklehrer VLDTM«

Die hier verabschiedete Satzung, die sich in den Grundzügen an der von
1903 orientierte, wurde allerdings erst am 14.10.1954 vom Registergericht genehmigt.

Den Vorsitz übernahmen:

Prof. Arnold Ebel	1. Vorsitzender (Berlin)
Prof. Dr. Hermann Keller	stellvertr. Vorsitzender (Stuttgart)

Für die Landesverbände unterzeichneten die jeweiligen Vorsitzenden die
neue Satzung:

Landesverband Württemberg:	Prof. Dr. Hermann Keller (Stuttgart)
Landesverband Bayer. Tonkünstler:	Prof. Wolfgang Jacobi (München)
Landesverband Hessen:	Dr. Johann Friedrich Hoff (Frankfurt/M.)
Landesverband Rheinland-Pfalz:	Prof. Dr. Ernst Laaff (Mainz)
Landesverband Nordrhein-Westfalen:	Prof. Dr. Joseph Neyses (Düsseldorf)
Landesverband Niedersachsen:	Prof. Ernst Lothar von Knorr (Hannover)
Landesverband Bremen:	Prof. Richard Liesche (Bremen)

Landesverband Schleswig-Holstein: Martin Usbeck (Kiel)
Landesverband Hamburg: Prof. Ernst Gernot Klussmann
(Hamburg)
Landesverband Berlin: Prof. Arnold Ebel

Vom 23.–29. September 1954 fand in Bad Pyrmont eine Tonkünstler-versammlung statt, auf der die bundesweite Wirksamkeit des VLDTM sehr eindrucksvoll ausgebreitet wurde. Dabei wurde auch wieder an die alte Tradition des »musikpädagogischen Tages« von 1926 in Halle ange-knüpft und ein »Lehrgang für Musikerziehung und Musiksoziologie« durchgeführt. Die Themen der wissenschaftlichen und kulturpolitischen Vorträge zeigten die ganze Bandbreite der neuen Aufgaben und Frage-stellungen des Tonkünstlerverbandes in der Aufbauphase nach dem Krieg:

Marie-Therese Schmücker: »Die Einheit von Schul- und Privatmusikun-terricht«

Prof. Dietrich Stoverock: »Neue Wege der musikalischen Berufsausbil-dung«

Prof. Hermann Erpf: »Sorge und Fürsorge um den Privatmusikunterricht«

Prof. Dr. Hans Mersmann: »Die Musik in der Volkserziehung als Beruf und als Berufung«

Dr. Wilhelm Twittenhoff: »Die Jugendmusikschule als Grundlage der Musikerziehung«

Prof. Hanns Berekoven: »Musikerziehung in der Volkserziehung und in der Lehrerbildung«

Prof. Dr. Joseph Heer: »Der Musiklehrer in der Volksschule und in der Lehrerbildung«

Prof. Dr. Ernst Laff: »Musikerziehung an der Universität«

Prof. Dr. Paul Friedrich Scherber: »Laienmusikpflege und Privatmusik-unterricht«

Prof. Fritz Schieri: »Die Ausbildung des Jugendmusikerziehers«

Katharina Ligniez: »Neue Wege der Erziehung im Musikseminar«

Prof. Elfriede Feudel: »Die rhythmische Erziehung im Gesamtplan der musischen Erziehung«

Oberregierungsrat Dr. Reinhard Limbach: »Staat und Musikerschaft«

Prof. Dr. Erich Valentin: »Ordnung und Zusammenfassung der musikalischen Verbände«

Prof. Arnold Ebel: »Eine Kammer der deutschen Musiker«

Prof. Dr. Hermann Keller: »Forderung der Praxis an die Musikwissenschaft«

Prof. Dr. Hans Joachim Moser: »Wesen und Grenzen der Musiksoziologie«

Dr. Kurt Westphal: »Rechte und Pflichten der Musikkritik«

Prof. Dr. Felix Oberborbeck: »Die Soziologie der Jugendmusik«

Prof. Guido Waldmann: »Blasmusik und Volksinstrumente«

Otto von Irmer: »Die Methodik in neuen Klavierschulen (nach 1945)«

Walter-Michael Berten: »Der Musiker und der Rundfunk«

Dr. Fred Hamel: »Die Schallplatte in Erziehung und Unterricht«

Herbert Schermall: »Musikbüchereiwesen – Entwicklung und Ausgestaltung«

Herbert Sass: »Statistik in der Musik« Lehre und Folgerungen

Daneben standen noch zwei musikpraktische Darbietungen auf dem Programm:

➢ Prof. Ernst Lothar von Knorr:
Vorführung des Rhythmik-Seminars der Hochschule für Musik und Theater unter Leitung von Brunhild Hazivar

➢ Peter Harlan:
Vortrag über die Fidelbewegung mit musikalischen Darbietungen

In gleichem Maße war die VLDTM auch bemüht um die Förderung zeitgenössischer Komponisten und deren Werke sowie um die Förderung seiner »Interpreten«-Mitglieder. Das musikalische Programm war ebenso reichhaltig wie das vorher aufgezeigte wissenschaftliche Programm:

Ahrens, Joseph:	Orgelwerke
Backes, Lotte:	Kammermusik
Baur, Jürg:	Musik für Orchester in einem Satz (UA)
Baur, Jürg:	Orchesterwerk
Bialas, Günter:	Konzert für Violine und Orchester

Bialas, Günter:	Orchesterwerk
Blacher, Boris:	Paganini-Variationen für Orchester
Blacher, Boris:	Hamlet-Ballett
Borris, Siegfried:	Kammermusik
Brehme, Hans:	Kammermusik
Bresgen, Cesar:	Orchesterwerk
Buchar, Hermann:	Orchesterwerk
Butting, Max:	Kammermusik
David, Johann Nepomuk:	geistliche Chormusik
Distler, Hugo:	geistliche Chormusik
Eisbrenner, Werner:	Orchesterwerk
Erbse, Heimo:	Fantasie für Orchester (Uraufführung)
Erbse, Heimo:	Impression für Orchester, op. 9, 1954 (UA)
Erdmann, Dietrich:	Kammermusik
Fortner, Wolfgang:	Kammermusik
Fortner, Wolfgang:	Orchesterwerk
Gebhardt, Rochus:	Kammermusik
Haas, Joseph:	Sonate h-moll für Violine und Klavier
Hartig, Hans Friedrich:	Divertissement 1953
Hasse, Johann, Friedrich:	Kammermusik
Heilmann, Harald:	Kammermusik
Hessenberg, Kurt:	Kammermusik
Hindemith, Paul:	»Hin und zurück«
Hindemith, Paul:	Kantate der Hoffnung
Höller, Karl:	Orchesterwerk
Höller, Karl:	Sweelinck – Variationen für Orchester, op.56
Jacobi, Wolfgang:	Barocklieder für Tenor und Orchester
Jacobi, Wolfgang:	Orchesterwerk
Jarnach, Philipp:	Kammermusik
Jentsch, Walter:	Orchesterwerk
Karkoschka, Erhard:	Kammermusik
Knapp, Arno:	Kammermusik (Orchester)
Kocher-Klein, Hilda:	Kammermusik
Koerppen, Adolf:	Jugendoper
Krämer, Clemens:	Kammermusik
Kuckuck, Felicitas:	Kammermusik
Metzler, Friedrich:	Kammermusik
Pepping, Ernst:	geistliche Chormusik
Raphael, Günter:	Orchesterwerk
Ronnefeld, Peter:	Orchesterwerk
Schick, Philippine:	Kammermusik
Schlemm, Gustav-Adolf:	Orchesterwerk

Schneidt, Hans Martin:	Kammermusik
Schröder, Hermann:	Kammermusik
Schumann, Georg:	Orchesterwerk
Teuscher, Wolfgang:	Kammermusik
Tiessen, Heinz:	Kammermusik
Uldall, Hans:	Orchesterwerk
von Bloh, Fritz:	»Streitlied zwischen Leben und Tod« Kantate für Männerchor, Blechbläser und Schlagzeug
von Bloh, Fritz:	Orchesterwerk
von Knorr, Ernst Lothar:	Kammermusik
Waltershausen, von, H. W.:	Orchesterwerk
Ziernitz, von, Grete:	Kammermusik
Weismann, Wilhelm:	geistliche Chormusik
Zeller, Wolfgang:	Orchesterwerk

An Interpreten auf dem Bad Pyrmonter Tonkünstlerfest sind u.a. im Programmbuch aufgelistet:

Hamann-Quartett, Hamburg
Wipplinger-Quartett, Weimar
Streichtrio Friedrich von Hausegger, Hannover
Terzett: Isolde Fiderius, Marianne Botz und Heyno Kattenstedt
Auswahlchor und Solobläser vom Konservatorium des Saarlandes Saar-
 brücken, Dirigent: Herbert Schmolzi
Knabenchor Hannover, Dirigent: Hans Hennig
Felicitas Schnitzer-Reich (Klavier), München
Hanna Arens (Bremen) und Martin Usbeck (Kiel), Klavier
Prof. Paul Gümmer (Bariton) und Reinmar Dahlgrün (Klavier), Hannover
Prof. Adolf Steiner (Violoncello), Köln
Prof. Rudolf Schmidt (Klavier), Ursula Lippmann (Sopran), Berlin
Prof. Hans Frenz (Flöte), Berlin
Hans und Kurt Schmitt (Klavier), Saarbrücken
Gertrud Weitz (Flöte), Hamburg, Hermann Töttcher (Oboe), Berlin
Werner Schröter (Klavier), Hamburg
Margit und Colette Niestlé (Violine), Berlin
Prof. Metzmacher (Violoncello), Hannover. Pianist Kramer, Köln
Hilde Kramm und Karl Lenzen (Klavier), Braunschweig
Dénes Zsigmondy (Violine), Ammerland-Bayern
Doris Eickenberg (Klavier), Warburg. Peter Harlan (Fidel), Lippe
Heyno Kattenstedt (Bariton), Gelsenkirchen
Alexander Wedow (Violoncello), Berlin
Hans Joachim Vetter, Krefeld und Günter Raphael, Duisburg (Klavier)

Niedersächsisches Symphonie-Orchester: Dirigenten: Dr. Helmuth
    Thierfelder und GMD Walter Stöver
Staatstheater Braunschweig, Dirigent: Erster Kapellmeister Heinz Zeebe
Rhythmik-Abteilung und die Opern- und Theaterabteilung der Akademie
    für Musik und Theater in Hannover, Dirigent: Prof. Ernst Lothar
    von Knorr
Orchester Mario Traversa-Schoener, Bad Pyrmont
Hamburger Kammerorchester, Dirigent: Hans Jürgen Walther
Göttinger Symphonieorchester, Dirigent: Günther Weissenborn
Thomanerchor Leipzig, Dirigent: Prof. Dr. Günter Ramin

Wie die Auszüge aus dem Programmbuch[26] zeigen, war dies eine »Großveranstaltung« wie sie erst wieder 1997 durchgeführt werden sollte.

Was die damalige gesamtdeutsche Entwicklung betraf, war die Einladung
des Leipziger »Thomanerchores«, eine Initiative von vielen, um die
Kontakte nicht abreißen zu lassen. Hiermit wollte man einer großen
Zahl früherer Mitglieder aus Ost-Berlin und der damaligen DDR, die
der »Vereinigung der Landesverbände Deutscher Tonkünstler und
Musiklehrer (VLDTM)« noch angehörten, die Teilnahme an der Tagung
erleichtern.[27]

Auch in den weiteren Jahren bemühte man sich um regelmäßige Begeg-
nungen zwischen führenden Persönlichkeiten der »Vereinigung der Landesverbände Deutscher Tonkünstler und Musiklehrer (VLDTM)« und
des damaligen ostdeutschen Verbandes Deutscher Komponisten und
Musikwissenschaftler (VDK).[28] Um die künstlerische und menschliche
Verbundenheit mit den Kollegen in der DDR zu pflegen und zu festigen,
faßte man auf der Präsidiumssitzung vom 17.5.1955 in Kassel den Plan,
in regelmäßigen Abständen Gesamtdeutsche Musikfeste durchzuführen.
Mit dieser Intention veranstaltete der VLDTM auch das erste Gesamtdeutsche Musikfest vom 20. bis 24. Mai 1955 in Weimar.

Das äußerst positive Ergebnis dieser Veranstaltung ermutigte und so
kam man überein, das zweite Gesamtdeutsche Musikfest vom 29. August

---

[26] vgl. Programm der Tonkünstlerversammlung von Bad Pyrmont vom 23. bis
       29.09.1954.
[27] vgl. hierzu sowie zum folgenden Protokoll zur Präsidiumssitzung des
       VLDTM vom 12.06.1954 in Darmstadt.
[28] vgl. Vetter, Hans-Joachim: Tonkünstlerverbände 1844–1984, S. 82 ff.

bis zum 3. September 1956 in Coburg zu veranstalten. Obwohl sich die politische Situation zwischen den beiden deutschen Staaten zunehmend verschärfte, versuchte man trotzdem, ein drittes Gesamtdeutsches Musikfest durchzuführen, das vom 9. bis 13. April 1958 wieder in Weimar stattfinden sollte. Dieses Unternehmen wurde auch vom »Bundesministerium für Gesamtdeutsche Fragen« angesichts der Pflege der Ost-West-Beziehungen dringlich befürwortet. Aber das damalige Problem der Anerkennung der DDR und die offene Frage eines Kulturabkommens komplizierten allerdings alle Bemühungen um offizielle gesamtdeutsche Kontakte. Dazu kam die schwere Erkrankung von Arnold Ebel, so daß dieses Gesamtdeutsche Musikfest leider abgesagt werden mußte und erst im Jahr 1997 zustande kommen sollte. Aus demselben Grund mußte Arnold Ebel am 1. Juni 1958 sein Amt niederlegen. In den Neuwahlen entschloß man sich erstmals zu einem Triumvirat, bestehend aus:

> Prof. Dietrich Stoverock
> Prof. Wolfgang Jacobi
> Prof. Ernst Lothar von Knorr.

Nach interner Absprache sollte im ersten Jahr Dietrich Stoverock den federführenden Vorsitz übernehmen.

Außerdem änderte man im Rahmen einer Satzungsänderung den Namen erneut in
»Verband Deutscher Tonkünstler und Musiklehrer – VDTM«.

Man erkannte sehr bald, daß die Bildung eines Triumvirats mit jährlich wechselndem Vorsitz für eine kontinuierliche Verbandsarbeit irrealistisch ist. Gleichzeitig fehlten dem Verband junge, engagierte Mitglieder und der deutsche Tonkünstlerverband geriet in eine schwere Krise.

Viele Überlegungen wurden angestellt, um die Existenz des Verbandes zu sichern, so z.B. eine Vereinigung oder Fusion mit anderen musikpädagogischen Verbänden, den Verband als Dachverband neu zu strukturieren, einen Wirtschaftsexperten für die Geschäftsstelle zu verpflichten, eventuell sich als korporatives Mitglied an eine Gewerkschaft anzuschließen.[29]

---

[29] vgl. hierzu wie auch zum folgenden das Protokoll der Präsidiumssitzung vom 17.10.1961 auf Mainau.

1961 ging man vom Triumvirat als Vorstand ab und wählte

Prof. Ernst Lothar Knorr	als Präsidenten,
Prof. Reimar Dahlgrün	zum Vizepräsidenten,
Herbert Schermall	blieb Geschäftsführer.

Pläne wurden ausgearbeitet, einen umfassenden

»Verband Deutscher Musikerzieher«

zu gründen, der alle in und außerhalb der allgemeinbildenden Schulen tätigen Musikerzieher vereinigen sollte. Träger dieses angestrebten Gesamtverbandes sollten einerseits der deutsche Tonkünstlerverband sein, andrerseits der »Verband der Jugend- und Volksmusikschulen«. Gleichzeitig zog man einen Zusammenschluß mit dem »Verband Deutscher Schulmusiker – VDS« in Erwägung. Doch diese Pläne ließen sich nicht realisieren.

1.7. Unruhige Zeiten – Der Verband Deutscher Musikerzieher und konzertierender Künstler – VDMK bis 1993

1964 entschloß man sich, trotz erneuter Schwierigkeiten, definitiv einen neuen Verband zu gründen. Auf der Vorstandssitzung am 25./26. Januar 1964, zu der am 26. Januar auch die beiden Vertreter der Jugendmusikschulen, Hans-Joachim Vetter und Diethard Wucher sowie die Gäste Dr. Eckart Rohlfs und Roland Scholl hinzutraten, beschloß man eine Satzungsänderung, verbunden mit der Einführung der Mitgliedergruppierung in sogenannten »Sparten«. Differenziert wurde fortan zwischen

Sparte der Freiberuflichen
Sparte der Angestellten
Sparte der Beamten.[30]

In den kommenden Wochen und Monaten glichen die Landesverbände ihre Satzungen der neuen Satzung des Gesamtverbandes an. Die letzte Sitzung des Vorstandes des »Verbandes Deutscher Tonkünstler und Musiklehrer (VDTM)«, bei der alle erforderlichen Vorkehrungen und Formalien zur Gründung des Gesamtverbandes beschlossen bzw. abgeschlossen wurden, fand vom 5. bis 6. April 1964 in München statt.[31] Nachdem am 21. Mai die Bundessatzung beim Amtsgericht Berlin Charlottenburg eingereicht worden war, konnte nun endgültig die Gründung des neuen Verbandes in Angriff genommen werden. Diese war sicherlich auch dadurch motiviert, da man erkannte, daß das Musikleben durch neue Phänomene (z.B. »Beat-Revolte«) und Probleme in eine Krise geraten war, die nur durch vereintes musikpolitisches Handeln überwunden werden konnte.

Die Gründungssitzung für den angestrebten neuen Verband fand am 6. und 7. Juni 1964 in Berlin statt.[32] Teilnehmer an der Sitzung waren der Gesamtvorstand des »Verbandes Deutscher Tonkünstler und Musiklehrer (VDTM)« und die Vertreter des »Verbandes der Jugend- und Volksmusikschulen«.

---

[30] vgl. hierzu sowie zum folgenden das Protokoll der Präsidiumssitzung des VDTM vom 25./26.01.1964 in Hannover.

[31] vgl. Protokoll der Präsidiumssitzung des VDTM vom 05./06.04.1964 in München sowie zum folgenden Vetter, Hans-Joachim: Tonkünstlerverbände 1844–1984. Regensburg 1984, S. 111.

[32] vgl. hierzu sowie zum folgenden Protokoll zur Vorstandssitzung des VDMK vom 06./07.06.1964 in Berlin.

Der Name des neuen Verbandes lautete

»Verband Deutscher Musikerzieher
und konzertierender Künstler – VDMK«

Das Präsidium setzte sich zusammen aus:[33]

Prof. Dr. Siegfried Borris	Präsident
Prof. Fritz Büchtger	1. Vizepräsident
Dr. Wilhelm Twittenhoff	2. Vizepräsident
Prof. Reimar Dahlgrün	Schriftführer
Herbert Schermall	Schatzmeister
Bert Holm	Sparte der
Gerd Reinfeldt	Freiberuflichen
Prof. Hans-Joachim Vetter	Sparte der
Diethard Wucher	Angestellten
Prof. Günther Bialas	Sparte der
Prof. Franzpeter Goebels	Beamten
Dr. Eckart Rohlfs	Geschäftsführer

Die erste Delegiertenversammlung des VDMK wurde vom 20.–22. November 1964 in Darmstadt abgehalten, verbunden mit der Arbeitstagung »Musikerziehung und Neue Musik in der DDR und in der Bundesrepublik Deutschland«. Breiten Raum räumte man Informationen über Musikerziehung und Musikpflege, sowie über Neue Musik in der DDR ein, wobei eine Verstärkung der Kontakte zur DDR angestrebt wurde. So führten Überlegungen zur Wiederaufnahme der in den 50er Jahren begonnenen und nach zwei Versuchen gescheiterten Gesamtdeutschen Musikfeste zu ersten Verhandlungen mit dem »Verband Deutscher Komponisten und Musikwissenschaftler (VDK)« in der DDR. Zahlreiche Besuche des engeren Präsidiums in Ost-Berlin wurden zwar gastfreundlich angenommen, zu einer gemeinsamen Aktion kam es allerdings nicht. Es hinderten vor allem die politischen Spannungen aufgrund des von der damaligen DDR geforderten Kulturabkommens jede Zusammenarbeit mit der Konsequenz, daß im weiteren zwischen den beiden Verbänden nur mehr inoffizielle Kontakte gehalten werden konnten.

---

[33] vgl. hierzu sowie zum folgenden Vetter, Hans-Joachim: Die Tonkünstlerverbände 1844–1984, S. 111.

Dem deutschen Tonkünstlerverband stand in den nächsten 20 Jahren ein recht unruhiges Verbandsleben ins Haus: im Präsidium traten nahezu jährlich Veränderungen ein, ein umfangreicher Aufgabenkatalog, den es zu realisieren galt, war vorgelegt.

Bei den Neuwahlen 1972 wurde wieder ein neues Präsidium gebildet, da Prof. Siegfried Borris aufgrund seiner Tätigkeit als Präsident des Deutschen Musikrates zurückgetreten war:

Prof. Fritz Büchtger	Präsident
Prof. Hans-Joachim Vetter	1. Vizepräsident
Prof. Werner Müller-Bech	2. Vizepräsident
Heinz Justen	Schatzmeister

Auch dieses Team wechselte wieder bei der Delegiertenversammlung am 29./30. November 1975 in Mainz, da Fritz Büchtger wegen seines Gesundheitszustandes nicht mehr kandidieren konnte:[34]

Prof. Hans-Joachim Vetter	Präsident
Prof. Jürg Baur	1. Vizepräsident
Prof. Fritz Weisse	2. Vizepräsident
Dr. Eckart Rohlfs	Schriftführer
Heinz Justen	Schatzmeister
Erica Müller-Ginand	Sprecherin der Freiberuflichen
Bert Holm	Stellvertreter
Klaus Matakas	Sprecher der Angestellten
Dorothee Birck-von Bistram	Stellvertreterin
Prof. Dr. Alexander L. Suder	Sprecher der Beamten
Prof. Heinz Krämer	Stellvertreter

Mitglieder des bereits 1967 eingerichteten Sozialausschusses waren:

Dr. Eckart Rohlfs, Bert Holm, Erica Müller-Ginand, Sigrid Mittendorfer, Heinz Justen

Sprecher des 1975 eingerichteten Pädagogischen Ausschusses wurde:

Prof. Werner Müller-Bech.

---

[34] vgl. hierzu und zum folgenden Protokoll der Delegiertenversammlung des VDMK vom 29.11.1975 in Mainz

Schwerpunkt dieser Delegiertenversammlung war die Neustrukturierung des VDMK, was der neu gewählte Präsident, Prof. Hans-Joachim Vetter, mit folgenden eindringlichen Worten den Anwesenden verdeutlichte: »Wir müssen umdenken lernen von einem VDTM-Denken der 20er Jahre in ein VDMK-Denken der 60er Jahre«. Prof. Vetter erläuterte in diesem Kontext folgende Vorschläge zur Umgestaltung des VDMK:

Der erste Vorschlag hätte eine Umwandlung des gesamten VDMK in eine autonome Gewerkschaft VDMK im Bereich der Gewerkschaft Kunst im DGB vorgesehen. Hiermit wäre zwar dem größten Teil der VDMK-Mitglieder auch angesichts der steigenden Zahl der fest ange-stellten Musikerzieher Rechnung getragen worden, die Gruppe der freiberuflich tätigen Musikerzieher wäre jedoch unberücksichtigt geblie-ben und hätte somit ihre Lobby verloren.

Prof. Hans-Joachim Vetters zweiter Vorschlag war die Beibehaltung des status quo, mit einer Verselbständigung der Gruppe B (Angestellte).

Der dritte Vorschlag hatte vorgesehen, daß die in der Gruppe B verei-nigten Mitglieder unabhängig von ihrer Mitgliedschaft im VDMK eine eigene weitere rechtlich selbständige Vereinigung bilden, die sich dazu eine eigene Satzung gibt. Ziel war bei diesem Vorschlag unter anderem eine Doppelmitgliedschaft in der Gewerkschaft und im VDMK.

Nach eingehender Diskussion verabschiedeten die Delegierten mehr-heitlich den Antrag auf der Grundlage von § 2.2 der Satzung des VDMK die Bildung einer Gewerkschaft für die musikerzieherisch und konzertierend abhängig Beschäftigten auf der Grundlage einer engen Zusammenarbeit auch im Sinne des § 3.4 der VDMK-Satzung.

Mit diesem Beschluß, die »Gewerkschaft Deutscher Musikerzieher und konzertierender Künstler (GDMK)«[35] zu gründen, war eine entscheiden-de Weichenstellung für die weitere Entwicklung des VDMK getroffen worden. Denn im Laufe der Zeit wechselten immer mehr Musikerzieher aus ihrer ursprünglichen Selbständigkeit in ein festes Angestelltenver-hältnis über und benötigten daher eine autonome Gewerkschaft mit eigener Tarifhoheit, um ihre Anliegen gegenüber ihren Arbeitgebern adäquat zu vertreten.

---

[35]   ganz bewußt wählte man einen Namen, der dem VDMK verschwistert war.

Fortan sollten sich also die abhängig beschäftigten Mitglieder des VDMK in der Schwesterorganisation GDMK zusammenschließen, wohingegen die freiberuflich Tätigen beim bisherigen VDMK verbleiben sollten.[36] In den folgenden Jahren sollte sich die Kooperation auf der Basis einer im Januar 1976 abgeschlossenen Rahmenvereinbarung zwischen den beiden Schwesterverbänden VDMK und GDMK äußerst positiv gestalten.

Diese neue Situation, die durch die Teilung in zwei Verbände entstanden war, mußte auch satzungsgemäß ausgeglichen werden. Da seit langem diverse Ungenauigkeiten innerhalb der VDMK-Satzung zur Debatte standen, erwies sich eine Satzungsreform ohnehin als dringend erforderlich.

Auf der Delegiertenversammlung vom 03. bis 05. Dezember 1976 in Berlin wurde vom Präsidium den Anwesenden ein Satzungsentwurf vorgelegt. Auf Grund von divergierenden Interessen konnte jedoch kein Konsens gefunden werden, womit die Delegierten die Diskussion um die Satzung letztlich an das Präsidium zurückverwiesen.

Für die Delegiertenversammlung vom 10. bis 11.12.1977 hatte das Präsidium einen neuerlichen Satzungsentwurf vorbereitet und den Anwesenden erläutert.[37] Dieser Entwurf berücksichtigte im Rahmen der geplanten Strukturänderung auch die Möglichkeit eines korporativen Beitritts von weiteren selbständigen Vereinen und Verbänden (wie z.B. der GDMK, des Akkordeonlehrerverbandes u.a.).

Aber auch dieses Mal divergierten die verschiedenen Auffassungen über die endgültige Struktur des Verbandes zu stark.[38] Zum einen distanzierte sich der Landesverband Baden-Württemberg von dem im Präsidium mitgetragenen Beschluß, zum anderen schien das anfangs einwandfreie Verhältnis zwischen VDMK und GDMK durch die Aktivitäten der jüngeren Schwesterorganisation gestört. Das Resultat war eine Ablehnung

---

[36]   vgl. hierzu außerdem Vetter, Hans-Joachim: Neue Wege sind beschritten. Zur Umstrukturierung des VDMK. In: Neue Musikzeitung. 25 (1976). S. 20.

[37]   vgl. hierzu sowie zum folgenden das Protokoll der Delegiertenversammlung des VDMK vom 10./11.12.1977 in Herrsching.

[38]   Interessant ist in diesem Kontext, daß auf der Präsidiumssitzung vom 2.10.1977 mit dem Einverständnis aller Landesvorsitzenden ein solcher Entwurf beschlossen worden war.

des Satzungsentwurfs, womit die gesamte 1975 in Mainz begonnene Verbandsreform endgültig gescheitert schien. Es folgte der Rücktritt von Dr. Eckart Rohlfs und von Prof. Hans-Joachim Vetter. Somit war der VDMK ohne Geschäftsführer und Präsident.

So wurde beschlossen, die nächste Delegiertenversammlung auf Juni 1978 vorzuziehen und turnusmäßig ein neues Präsidium zu wählen. Hauptaufgaben waren für das kommende halbe Jahr, mit einem neuen Geschäftsführer, dem Komponisten und freien Musikerzieher Klaus Obermayer aus München, die Geschäftsstelle aufzubauen, und einen Präsidenten zu gewinnen, damit 1978 ein neuer Anfang gemacht werden konnte.[39]

Am 17. Juni 1978 wurde die für die neuerliche Konsolidierung des VDMK entscheidende Delegiertenversammlung in Mainz abgehalten.[40] Die Landesverbände Baden-Württemberg und Hamburg nahmen an dieser Tagung nicht teil. Schwerpunkte auf dem Tagungsprogramm waren auch diesmal Satzungsänderungen sowie die Umstrukturierung des Verbandes. Hinsichtlich der Frage, ob der VDMK in einen Dachverband im Sinne eines föderalistischen Prinzips umstrukturiert werden sollte, votierten neun der anwesenden Landesverbände für diese Art der Umstrukturierung. Nach einer längeren Debatte, in welcher Reihenfolge die Umstrukturierung vollzogen werden solle, faßte man mehrheitlich den Beschluß, nur eine neue Satzung zu erstellen und von einer Auflösung und sofortigen Neugründung des Verbandes Abstand zu nehmen. Erneut kam es zum Präsidiumswechsel:

Prof. Siegfried Palm	Präsident
Prof. Roland Mackamul	1. Vizepräsident
Fritz Weisse	2. Vizepräsident
Heinz Justen	Schatzmeister
nicht besetzt	Schriftführer
Prof. Annemarie Neumann	Sprecherin der Selbständigen (früher Freiberuflichen)

---

[39] vgl. hierzu sowie zum folgenden Vetter, Hans-Joachim: Die Tonkünstlerverbände 1844–1984, S. 154.

[40] vgl. hierzu sowie zum folgenden Protokoll der Delegiertenversammlung des VDMK vom 17.06.1978 in Mainz.

Wilhelm Latour   Sprecher der Nichtselbständigen
                                  (früher Angestellte und Beamte)

Klaus Obermayer   Bundesgeschäftsführer

Auf Grund seiner jahrelangen und außerordentlich großen Verdienste
um die Existenz des Verbandes überhaupt und zahlreicher ins Leben
gerufenen Projekte, die die deutsche Kulturpolitik betrafen, wurde Prof.
Hans-Joachim Vetter zum Ehrenpräsidenten ernannt.

Da diese Präsidiumswahl nach der neuen, gerichtlich noch nicht bestätigten Satzung vorgenommen worden war, mußte auf der Delegiertenversammlung vom 9. Dezember 1978 in Berlin die Wahl nach der alten
Satzung[41] noch einmal vorgenommen werden.[42] Präsident, Vizepräsidenten und Schatzmeister wurden in ihren Ämtern bestätigt. Da dieses
Mal die Delegierten Prof. Annemarie Neumann zur Schriftführerin
wählten, war die Stelle des Sprechers der Selbständigen vakant, worauf
die Anwesenden für Erica Müller-Ginand (Vertreter Bert Holm) als
Sprecherin der Selbständigen votierten. Wilhelm Latour (Vertreterin
Hilde Kramm-Walter) wurde wie bei der ersten Versammlung 1978
wieder zum Sprecher der Nichtselbständigen gewählt. Somit hatte sich
die Situation des Verbandes wieder gefestigt und die neue Verbandsfüh-
rung einschließlich der Geschäftsführer konnten die alten Projekte
wieder aufgreifen und sie erweitern, wie z.B. die Staatliche Anerkennung
für nicht examinierte Musiklehrer, das Manuskriptarchiv, ein Presse-
organ des Verbandes, Erwachsenenbildung, Mitarbeit in Gremien des
Deutschen Musikrates, um nur einige zu nennen.

Auf der Delegiertenversammlung vom 08. bis 09. Februar 1980 teilte
der Bundesgeschäftsführer den Anwesenden mit, daß die Satzung vom
17. Juni 1978 bis dato vom Registergericht nicht anerkannt worden sei.
Denn das Vorhaben, aus einem Einzelmitgliedsverband einen Verband
der Landesverbände zu machen, war, wie es in der gerichtlichen Begründung hieß, in dieser Satzungsform juristisch nicht möglich.[43] Erneut

---

[41] Die neue Satzung hatte auch bis dahin noch nicht die Anerkennung durch
      das Registergericht gefunden. Vgl. Protokoll der Delegiertenversammlung
      des VDMK vom 22./23.09.1979 in München.

[42] vgl. hierzu sowie zum folgenden Protokoll der Delegiertenversammlung des
      VDMK vom 09.12.1978 in Berlin.

[43] vgl. hierzu sowie zum folgenden Protokoll der Delegiertenversammlung des
      VDMK vom 08./09.02.1980 in Bonn.

mußten die Delegierten eine Satzungsänderung vornehmen, um die damalige Verbandssituation richtigzustellen. Nachdem das Amt des ersten Vizepräsidenten ein Jahr unbesetzt geblieben war, konnte Prof. Josef Zilch (München) für diese Aufgabe gewonnen werden.

Nach Jahren der finanziellen Durststrecke für den VDMK konnten Präsident und der Geschäftsführer auf der Delegiertenversammlung vom 14./15. November 1981 in Mainz von einer nachhaltigen finanziellen Konsolidierung des Verbandes berichten.[44] Überdies hatten die Erfolge der Lehrgänge und diverser anderer Aktivitäten beträchtlich zur Steigerung des Ansehens des VDMK beigetragen. Bei dieser Versammlung waren von Seiten der damaligen DDR zwei Vertreter, Dr. Helmut Schulze und Vera Reiner anwesend, die die Delegierten einlud, die Musikausbildung in der DDR an Ort und Stelle zu studieren.

Bei den anstehenden Neuwahlen votierten die Delegierten 1981 wie folgt:

Prof. Siegfried Palm	Präsident
Prof. Josef Zilch	1. Vizepräsident
Wilhelm Latour	2. Vizepräsident
Richard Gartenmaier	Schatzmeister
nicht besetzt	Schriftführer
Erica Müller-Ginand	Sprecherin der Selbständigen
Helmut Heuler	Sprecher der Nichtselbständigen

1983 hatte sich der Landesverband Baden-Württemberg wieder als Vollmitglied dem VDMK angeschlossen. Somit war ein weiterer wichtiger Schritt in Richtung eines umfassenden Bundesverbandes vollzogen worden. Auch im Ganzen gesehen wies das Jahr 1983 merkliche Anzeichen in puncto Stabilität des Verbandes auf, zumal sich auch in diesem Jahr die Finanzsituation weiter verbesserte. Überdies hatten sich auch die Kontakte zu den Landesverbänden gefestigt, so daß sich eine endgültige Überwindung der Situation von 1978 abzuzeichnen schien.[45]

---

[44] vgl. Protokoll der Delegiertenversammlung des VDMK vom 14./15.11.1981 in Mainz.

[45] vgl. hierzu sowie zum folgenden Protokoll der Delegiertenversammlung des VDMK 1983 in Hammelburg; vgl. Vetter, Hans-Joachim: Die Tonkünstlerverbände 1844–1984. S. 156.

Bei der Delegiertenversammlung vom 17. bis 18. November 1984 bestätigten die Anwesenden Prof. Siegfried Palm als VDMK-Präsident ebenso wie die beiden Vizepräsidenten, Prof. Josef Zilch und Wilhelm Latour. Die gleiche Bestätigung in ihren Ämtern erfuhren der Schatzmeister, Richard Gartenmaier, und der Bundesgeschäftsführer, Klaus Obermayer.[46] Auch dieses Mal wurde die Position des Schriftführers nicht besetzt. Man sah keine Notwendigkeit, da der Geschäftsführer und die Sekretärin der Bundesgeschäftsstelle, Stella Schießl, die Schriftführung übernahmen. Die Sprecherin der Selbständigen, Erica Müller-Ginand, blieb weiterhin in ihrem Amt. Auf Grund des wenige Tage vor der Delegiertenversammlung verstorbenen Helmut Heuler beschlossen die Delegierten, daß der zweite Vizepräsident Wilhelm Latour und ehemalige Sprecher der Nichtselbständigen dieses Amt kommissarisch bis zur Findung eines geeigneten Kandidaten übernehmen solle.

Des weiteren kam man überein, zum Thema »Lärmschutz im Zusammenhang mit der Musikausübung« zukünftig mit dem Deutschen Musikrat zu kooperieren, da diese Institution die erforderlichen finanziellen Mittel habe und diese Angelegenheit zudem eine verbandsübergreifende sei. In diesem Kontext kam auch vom VDMK die Anregung an den Deutschen Musikrat, eine Arbeitsgruppe zu bilden, die Richtlinien für Schallschutzmaßnahmen erarbeiten sollte.

Außerdem beschloß man, einen Arbeitsausschuß einzurichten, der die mannigfaltigen Probleme der Erwachsenenbildung untersuchen solle mit dem Ziel, die daraus gewonnenen Resultate auf höherer politischer Ebene weiter zu verfolgen.

Für die Vertretung des VDMK in Gremien künstlerischer Institutionen des Deutschen Musikrates wurden für das Plenum Prof. Josef Zilch, für die »Arbeitsgemeinschaft Musikberufe« Klaus Obermayer (bisher Prof. Zilch), für die »Arbeitsgemeinschaft Musikerziehung und Musikpflege« Prof. Martin Gümbel (bisher Prof. Dr. Alexander L. Suder) und für »Jugend musiziert« Prof. Dr. Werner Müller-Bech nominiert.

In das Kuratorium der »Bundesakademie für musikalische Jugendbildung Trossingen« delegierte der VDMK als Vertreter Richard Gartenmaier, für die »International Society for Music Education (ISME)« Prof. Siegfried Palm.

---

[46] vgl. hierzu sowie zum folgenden Protokoll der Delegiertenversammlung des VDK vom 17./18.11.1984 in Münster.

1986 initiierte der VDMK ein bis dahin völlig neuartiges Projekt, was die Vermittlung von instrumentalpädagogischen Inhalten betraf.[47] Unter dem Titel »MMM – Mit Meistern Musizieren« waren Videoaufzeichnungen von Kursen mit namhaften Interpreten sowie deren Ausstrahlung im Kabelfernsehen geplant worden.[48] Dieses kostenintensive und bis dahin einzigartige Projekt wurde zunächst großzügig von der Bayerischen Medienförderungszentrale gefördert. Die ersten beiden Produktionen mit dem Flötisten Prof. Hans-Martin Linde und der russischen Pianistin Tatjana Nikolaeva erfolgten 1987, eine weitere Produktion scheiterte allerdings an der Finanzierung. Immerhin konnten sechs Sendungen im Kabelfernsehen ausgestrahlt werden und ein Teil der Blockflötenproduktion an den WDR verkauft werden, die dort ebenfalls gesendet wurde.[49]

Bei den turnusmäßigen Neuwahlen der Delegiertenversammlung 1987 wurden Prof. Siegfried Palm als Präsident und Wilhelm Latour als zweiter Vizepräsident ebenso wie der Schatzmeister, Richard Gartenmaier, und der Bundesgeschäftsführer, Klaus Obermayer, wieder in ihren Ämtern bestätigt. Zum ersten Vizepräsidenten wählten die Delegierten Prof. Eugen Frosch. Das Amt des Schriftführers blieb weiterhin unbesetzt. Sprecherin der Selbständigen wurde Dagmar Kraemer, Jörg Dobmeier wurde zum Sprecher der Nichtselbständigen gewählt.

Des weiteren plante der VDMK für 1989 eine Konzertreihe mit Preisträgern von »Jugend musiziert«. Mit dieser Maßnahme sollten einerseits die Werke aus dem verbandseigenem Archiv einer breiteren Öffentlichkeit vorgestellt werden und andererseits die Preisträger die Gelegenheit zu Auftritten erhalten. In diesem Zusammenhang ist auch darauf zu verweisen, daß der Hauptausschuß »Jugend musiziert« 1988 aus dem damaligen VDMK-Manuskripte-Archiv Werke von etwa zwanzig Komponisten in die Vorschlagslisten der Wettbewerbsliteratur aufnahm – zweifelsohne ein großer Erfolg für den VDMK!

Nachdem die ehemalige Sprecherin der Selbständigen, Erica Müller-Ginand, auf eigenen Wunsch 1988 aus dem Beirat der Künstlersozial-

---

[47]   vgl. hierzu sowie zum folgenden Protokoll der Delegiertenversammlung des VDMK vom 28./29.11.1987 in Stuttgart.

[48]   Der VDMK war im übrigen der erste musikpädagogische Verband, der als Anbieter im Kabelfernsehen zugelassen war.

[49]   vgl. Protokoll der Delegiertenversammlung des VDMK vom 19./20.11.1988 in Hammelburg.

kasse ausgeschieden war, berief der Bundesminister für Arbeit und Soziales den damaligen Geschäftsführer des VDMK, Klaus Obermayer, in den Beirat. Die Kontinuität eines Vertreters im Beirat der Künstlersozialkasse ist insofern von Bedeutung, da die meisten der freiberuflichen Mitglieder nach dem Künstlersozialversicherungsgesetz versichert sind und deren Interessen auch bei dieser Institution vertreten sein sollten.

Zum Abschluß dieser Versammlung verabschiedeten die Delegierten einen Antrag an den »Deutschen Musikrat«, nach dem in Musikschulen Höruntersuchungen mit jährlichen Wiederholungen durchgeführt werden sollten. Ziel dieser Untersuchungen sollte sein, die in zunehmenden Maße bei Jugendlichen festgestellten Hörschäden zu erfassen und dieser Entwicklung präventiv entgegenzusteuern.

Besonders bemerkenswert ist 1989 die erste positiv verlaufene Kontaktaufnahme zum Landesverband Hamburg mit dem Ziel der Wiedereingliederung in den Bundesverband.

Die turnusmäßigen Neuwahlen auf der Delegiertenversammlung vom 10./11. November 1990 brachten folgende Ergebnisse:[50]

Prof. Siegfried Palm	Präsident
Dir. Alexander Furtwängler	1. Vizepräsident
Klaus Eidmann	2. Vizepräsident
Dr. Franzpeter Messmer	Schriftführer
Richard Gartenmaier	Schatzmeister
Luise Anstatt	Sprecherin der Selbständigen
Wolfgang Büssenschütt	Sprecher der Nichtselbständigen
Klaus Obermayer	Bundesgeschäftsführer

Wieder einmal wurde im Rahmen einer Satzungsänderung der Name des Verbandes geändert. Er nannte sich forthin:

«Deutscher Tonkünstlerverband – Verband Deutscher Musikerzieher
und konzertierender Künstler e.V. (VDMK)»

---

[50] Protokoll der Delegiertenversammlung des VDMK 10./11.1.1990 in Würzburg

Nach der politischen Wende in der ehemaligen DDR war der Bundes-
verband auch um den Aufbau von Landesverbänden in den Neuen
Bundesländern bemüht und führte eine Informationskampagne durch,
die in den weiteren Jahren positive Wirkung zeigen sollte. In diesem
Zusammenhang sind besonders die Landesverbände Baden-
Württemberg, Bayern und Bremen zu nennen, die sich bereit erklärten,
»Patenschaften« in den Neuen Bundesländern Sachsen, Thüringen und
Mecklenburg-Vorpommern zu übernehmen. Diese Form von
»Patenschaften« umfaßte unter anderem auch die zeitlich begrenzte
Übernahme der Abonnementskosten der Neuen Musikzeitung.

Als herausragendstes Ereignis ist 1991 für den VDMK die Gründung
des »Fünf-Länder-Verbandes« in Weimar zu nennen.[51] Dieser Verband
sollte die Plattform für die Gründung und Etablierung von Landesverbänden in den Neuen Bundesländern bilden.

---

[51] vgl. Protokoll der Delegiertenversammlung des VDMK 19./20.10.1991 in
Köln.

1.8. Rückbesinnung – Neustrukturierung – Konsolidierung Der Berufsverband Deutscher Tonkünstler 1997

Zu einem vorläufigen Höhepunkt der bis dahin langwierig geführten Satzungs- und Strukturdebatte bezüglich des Verbandes kam es auf der Delegiertenversammlung vom 10. bis 11. Oktober 1992.[52] Dem vorausgegangen waren jahrzehntelange verbale Konstruktionen über die Verbandsstruktur, die bis dahin aber nicht realisiert werden konnten. Zahllose Schwierigkeiten, Meinungsverschiedenheiten, Mißverständnisse, die aus dem inhärenten Widerspruch der VDMK-Satzung entstanden waren, hatten gerade in den vergangenen Jahren die Verbandsarbeit immens beeinträchtigt und der Landesverband Baden-Württemberg als der mitgliederstärkste Landesverband drohte wegen der Satzungsfrage mit seinem Austritt aus dem Bundesverband.[53] Viele angestrebte Ziele in musikalischer Hinsicht mußten zwangsläufig immer wieder zurückgestellt werden. Sich dieser Sachlage bewußt, beschlossen die Delegierten »eine Satzungskommission zu bilden unter der Voraussetzung, daß bei dem Gelingen einer Satzung im Sinne eines Verbandes der Verbände der Landesverband Baden-Württemberg Mitglied des Bundesverbands bleibt. […]« sowie »Die Satzungskommission soll mit einer juristischen Beratung zusammentreten«.[54]

Nachdem die damalige Justitiarin des Bundesverbandes, Rechtsanwältin Brigitte Gmelin, ihre Mitwirkung bei der Kommission wegen Befangenheit abgelehnt hatte, schlug der Landesverband Bayern im Einvernehmen mit den anderen Landesverbänden Rechtsanwalt Thomas Krekeler zur Mitarbeit in der Satzungskommission vor.

Was nun die Herstellung eines Bundesverbandes im Sinne eines Dachverbandes der Landesverbände betraf, wie es ursprünglich der Fall gewesen war, wurde vom Registergericht darauf hingewiesen, daß eine derartige Satzungsänderung nur über den Weg der Auflösung und der anschließenden Neugründung des Verbandes vollzogen werden konnte.

---

[52] vgl. hierzu sowie zum folgenden Protokoll der Delegiertenversammlung des VDMK vom 10./11.10.1992 in Mannheim.

[53] vgl. Stampfl, Inka: Ein neuer »alter« Verband wurde gegründet. Die »Deutschen Tonkünstler« formieren und konsolidieren sich. In: Neue Musikzeitung. 42 (1993) 3. S. 40.

[54] Protokoll der Delegiertenversammlung des VDMK am 10./11.10.1992 in Mannheim.

Die Satzungskommission setzte sich zusammen aus:

Baden-Württemberg	Ernst Held
Bayern	Prof. Dr. Alexander L. Suder
Berlin	Anno Blissenbach,
	Horst Klammer
Niedersachsen	Dagmar Kraemer
	Martin Dörrie
Nordrhein-Westfalen	Prof. Jürgen Ulrich
	Klaus Hug
Sachsen-Anhalt	Prof. Dr. Sigrid Hansen
	Peter Petkow
Vertreter des Bundesverbandes	Klaus Eidmann
	Irmhild Luise Anstatt

Turnusmäßig fanden 1992 in Mannheim Neuwahlen statt mit folgendem Ergebnis:

Prof. Siegfried Palm	Präsident
Prof. Dr. Sigrid Hansen	1. Vizepräsidentin (Vorsitzende des Landesverbandes Sachsen-Anhalt)
Klaus Eidmann	2. Vizepräsident
Prof. Dr. Inka Stampfl	Schriftführerin (Vorsitzende des Landesverbandes Bayern)
Richard Gartenmaier	Schatzmeister
Luise Anstatt	Sprecherin der Selbständigen
Wolfgang Büssenschütt	Sprecher der Nichtselbständigen
Klaus Obermayer	Bundesgeschäftsführer

Auf einer außerordentlichen Delegiertenversammlung vom 30. Januar 1993 in München erläuterte Prof. Dr. Alexander Suder den von der Satzungskommission ausgearbeiteten Entwurf, worauf sich die Mehrheit der Delegierten für diese neue Satzung des Bundesverbandes als Dachverband nach dem föderalistischen Prinzip aussprach.

Auf einer weiteren außerordentlichen Delegiertenversammlung am 8. Mai 1993, die zum Zwecke der Vorbereitung der Auflösung und sofortigen Neugründung einberufen wurde, zeigte sich, daß außer dem 2. Vizepräsidenten Klaus Eidmann, der Schriftführerin Prof. Dr. Inka Stampfl und dem Vertreter der Nichtselbständigen Wolfgang Büssenschütt, sowohl der Präsident als auch die Vizepräsidentin und der Schatzmeister zurückgetreten waren. Auch der Bundesgeschäftsführer hatte das »sinkende Schiff« verlassen, indem er gekündigt hatte.[55] Gründe waren wohl auch darin zu sehen, daß der Haushaltsplan nicht mehr realisierbar war.

Prof. Dr. Inka Stampfl übernahm zusammen mit Klaus Eidmann die Sitzungsleitung und die Delegiertenversammlung konnte ordnungsgemäß durchgeführt werden.

Am 9. Mai 1993 trafen sich die Delegierten erneut und beschlossen die Auflösung des VDMK, um unmittelbar darauf die Gründung des Deutschen Tonkünstlerverbandes folgen zu lassen. Die Auflösungsversammlung leitete Rechtsanwalt Thomas Krekeler, die Neugründung Prof. Hans Jürgen Feilke.

Dezidiertes Ziel dieser Aktion war, eine eindeutige Satzung als Grundlage eines Dachverbandes zu haben, den Austritt Baden-Württembergs zu verhindern und generell den Fortbestand des Tonkünstlerverbandes bei gesteigerter Leistungsfähigkeit und wirksamer Aufgabenteilung zu sichern.[56]

Der Verband trägt nun seither den Namen:

Deutscher Tonkünstlerverband e.V. – DTKV

Das neue Präsidium setzte sich zusammen aus:[57]

Prof. Dr. Inka Stampfl	Präsidentin (München)
Klaus Eidmann	1. Vizepräsident (Detmold)
Prof. Rolf Hempel	2. Vizepräsident (Stuttgart)
Wolfgang Büssenschütt	Schriftführer (Bremen)
Wilhelm Mixa	Schatzmeister (Passau)

---

[55] Protokoll der außerordentlichen Delegiertenversammlung des VDMK vom 08.05.1993 in München.

[56] vgl. Protokoll der außerordentlichen Delegiertenversammlung des VDMK vom 09.05.1993 in München und vgl. hierzu sowie zum folgenden Stampfl, Inka: Ein neuer »alter« Verband wurde gegründet. Die »Deutschen Tonkünstler« formieren und konsolidieren sich. In: Neue Musikzeitung. 42 (1993) 3. S. 40.

[57] Protokoll der Gründungsversammlung am 9.5.1993 in München

Da es sich nun um einen Verband der Landesverbände handelte, entfielen die Vertreter der Selbständigen und Nichtselbständigen.

Auf Grund der angespannten Finanzlage beschloß man, auf die Besetzung eines Bundesgeschäftsführers zu verzichten und die Aufgaben im Präsidium zu verteilen: Prof. Dr. Inka Stampfl als »geschäftsführende Präsidentin«, Klaus Eidmann Vertreter im Hauptausschuß »Jugend musiziert« und im Ausschuß für Hochbegabte, Wolfgang Büssenschütt zuständig für alle »sozialen« Bereiche einschließlich der Berufung in den Beirat der Künstlersozialkasse. Daneben ergänzt der Justitiar Rechtsanwalt Thomas Krekeler das Präsidium und ist für alle juristischen Fragen zuständig.

Bei näherer Betrachtung der Sachlage stellt man fest, daß die zahlreichen, Jahrzehnte dauernden Versuche zur Neustrukturierung des Verbandes letztlich in der Neugründung des »Deutschen Tonkünstlerverbandes (DTKV)« am 9. Mai 1993 culminierten, der analog zur föderalistisch geordneten politischen Struktur der Bundesrepublik Deutschland aufgebaut ist. Signifikant ist ferner die Rückbesinnung auf das, was im Ursprung eine wichtige Komponente des Verbandsnamens war – nämlich der Tonkünstlerverband. Mit dem neu gegründeten Deutschen Tonkünstlerverband (DTKV) wurden nicht neue, wohl aber wieder klare Verhältnisse geschaffen.

Der Verband konnte sich nun wieder auf seine fachliche Aufgabenstellung besinnen und längst zu erledigende Fragen und Probleme in Angriff nehmen.

Die Aufbauarbeit in den neuen Bundesländern konnte weitergeführt werden, so daß 1997 alle sechzehn Bundesländer durch ihren eigenen Landesverband vertreten sind und der »Fünf-Länder-Verband« als Beginn dieses Aufbaus überflüssig wurde.

Die bundesübergreifenden D-A-CH-Tagungen mit den Verbänden Österreichs und der Schweiz konnten erfolgreich weitergeführt werden, ein erster europäischer Kongreß zur musikpädagogischen Forschung in Europa durchgeführt werden. Mit der GEMA wurden nicht nur die Verträge erneuert, sondern auch auf den Bereich U-Musik erweitert. Die bundeseinheitlich geltenden Unterrichtsverträge konnten verbessert werden. Mit der »Neuen Musikzeitung (NMZ)« wurden für alle Bundesländer einheitliche Verträge betreffs Kosten gestaltet. Der Verband fand wertvolle Partner in der Mannheimer und Vereinten Versicherung. Das

Logo des Tonkünstlerverbandes wurde patentrechtlich geschützt und damit zum Qualitätssigel aller Mitglieder. Das Manuskriptearchiv kann auf ca. 1.450 Kompositionen blicken, es wurde um ein Nachlaßarchiv erweitert. Der Deutsche Tonkünstlerverband ist Gründungsmitglied der European Association for Schoolmusic (EAS), er hat Sitz und Stimme im Präsidium des Deutschen Musikrates und in der Delegiertenversammlung des Deutschen Kulturrates. Er ist in zahlreichen Fachausschüssen von Bundesministerien vertreten. Eine neue Konzertreihe wurde in Zusammenarbeit mit der Firma Siemens AG eröffnet. Eine verbandseigene Schriftenreihe »Komponisten als Interpreten« konnte begründet werden. In der Zeit von 1993 bis 1997 wurden allein zwölf Bücher zu verschiedensten Themen, der Musik- und Kulturpolitik sowie zwei CD's mit Werken zeitgenössischer Kompositionen aus dem Manuskriptearchiv produziert und herausgegeben. Allein sechs kulturpolitische Fortbildungsveranstaltungen konnten durchgeführt werden. Der Höhepunkt ist jedoch ein Gesamtdeutsches Musikfest vom 22. bis 26. Oktober 1997 mit 100 Veranstaltungen, 40 Uraufführungen und 2.000 Mitwirkenden in allen sechzehn Bundesländern Deutschlands. In Verbindung damit stand ein Kompositionswettbewerb, die Produktion eines Videoclips über die Arbeit des Deutschen Tonkünstlerverbandes, die Produktion eines Messingtürschildes mit dem Verbandsnamen und -logo für die Mitglieder und als Höhepunkt der 150-jährigen Tätigkeit von Tonkünstlervereinen in Deutschland die Durchführung einer verbandseigenen musikalischen Kreuzfahrt durchs westliche Mittelmeer.

Zurecht kann festgestellt werden, daß sich der Deutsche Tonkünstlerverband nach schwierigsten Problemen über Jahre hinweg durch seine Neustrukturierung konsolidiert hat, das Präsidium und die Geschäftsstelle mit Energie und Elan an die sich stellenden Aufgaben herangehen und darüber hinaus stets neue mitgliederfördernde Initiativen ergreift.

1997 ist der Deutsche Tonkünstlerverband Partner bei vielen musik- und kulturpolitischen Aufgaben auf Bundesebene und kann seine erstmals 1844 in Berlin proklamierten Ziele, nämlich die Förderung und Pflege der »Tonkunst«, der schaffenden, ausübenden und lehrenden Tonkünstler mit Vehemenz verfolgen. Und diese positive und schwungvolle Haltung des Bundesverbandes übertrug sich deutlich auf seine Mitglieder, die Bundesländer, was die Fülle des Programms des 3. Gesamtdeutschen Musikfestes – 1958 in Weimar geplant – 1997 am 22. Oktober dort seinen Ausgang nehmend, mehr als beweist.

1.9. Präsidenten des Deutschen Tonkünstlerverbandes

1844–1903	wechselweiser Vorsitz aus den Ortsverbänden München und Berlin im Turnus von zwei Jahren
1895–1920	Prof. Adolf Göttmann
1920–1934	Prof. Arnold Ebel
1945–1958	Prof. Arnold Ebel
	Prof. Dr. Max von Schillings (Ehrenpräsident)
1958–1964	Prof. Dietrich Stoverock
	Prof. Ernst-Lothar von Knorr
	Prof. Wolfgang Jacobi
1961–1964	Prof. Ernst Lothar von Knorr
1964–1972	Prof. Dr. Siegfried Borris
1972–1974	Prof. Fritz Büchtger
1974–1978	Prof. Hans-Joachim Vetter
	Prof. Fritz Büchtger (Ehrenpräsident)
1978–1993	Prof. Siegfried Palm
seit 1993	Prof. Dr. Inka Stampfl
	Prof. Hans-Joachim Vetter (Ehrenpräsident)

Prof. Adolf Göttmann

Prof. Dr. Max von Schillings

Prof. Arnold Ebel

Prof. Wolfgang Jacobi

Prof. Dr. Siegfried Borris

Prof. Siegfried Palm

Prof. Fritz Büchtger

Prof. Dr. Inka Stampfl

Prof. Hans-Joachim Vetter

2. KULTURPOLITISCHE INITIATIVEN DES DEUTSCHEN TONKÜNSTLERVERBANDES UND DEREN AUSWIRKUNGEN

Seit seiner ersten Gründung in Berlin 1844 hatte sich in seiner Satzung der Berliner Tonkünstlerverein einen Aufgabenkatalog gestellt, der deutlich macht, daß dadurch eine »Innenwirkung« auf das Musikleben insgesamt ausgeübt wird. Schon in den ersten Anfängen wurde klar, daß die musikpolitischen Außen- und Innenwirkungsaspekte für das deutsche Musikleben nicht voneinander zu trennen sind und daher ein enges Zusammenwirken mit den Musikerziehern und der Musikpflege unbedingt erforderlich sein würde.

Die ersten satzungsgemäß verankerten Zielsetzungen des Berliner Tonkünstlervereins enthielten bereits alle Elemente, die im modernen Sinne gesprochen, einen Interessenverband für den Musikberuf ausmacht, dessen Zielsetzungen auch heute noch gelten, nämlich:

➢ die Pflege des Musiklebens in all seinen Formen

➢ den Erfahrungsaustausch auf allen Gebieten der Musik und Musikerziehung

➢ die Stärkung der Zusammenarbeit zwischen anderen deutschen Musikorganisationen

➢ Durchführung und Förderung von Konzertveranstaltungen, Fachtagungen, musikalischen Wettbewerben

➢ Mithilfe bei der Verbreitung von musikalischen Werken sowie der Austausch von Musikern und Ensembles

➢ Maßnahmen zur künstlerischen, sozialen und wirtschaftlichen Absicherung des Berufsstandes des Musikers

➢ Förderung des musikalischen Nachwuchses und des Laienmusizierens durch Verbesserung des Lehrens und Lernens

➢ Sammlung von Materialien der Musikkultur und Information über den Berufsstand des Musikers

Dabei ist es unerläßlich, daß ein Musik-Berufsverband sowohl vor Ort, im eigenen Land und darüber hinaus auf Bundesebene kulturpolitisch seine Wirkung zeigt.

Es gibt nun verschiedene Möglichkeiten, den Aufgabenkomplex der Interessenvertretung des Deutschen Tonkünstlerverbandes darzustellen. Man könnte seine Bedeutung in die Bereiche musikalische und musikpädagogische Projekte, in Berufs- und sozialpolitische Maßnahmen unterteilen, wie es z.B. Hans-Joachim Vetter getan hat.[58]

Eine andere Möglichkeit ist, von der kommunalen Ebene der Städte, Kreise und Gemeinden auszugehen, da diese ja für die Musikkultur von fundamentaler Bedeutung sind.

Eine dritte Version wäre, auf Grund des föderalistischen Prinzips der Bundesländer auf die wesentlichen Politikfelder der Länderebene, wie Kulturpolitik, Bildungspolitik, Hochschulpolitik und Medienpolitik bezug zu nehmen.

Am geeignetsten erscheint es jedoch, kulturpolitische Initiativen eines Bundesverbandes auch auf die Politikfelder auf Bundesebene zu projizieren, nämlich auf die Finanzpolitik, Wirtschaftspolitik, Sozialpolitik, Jugendpolitik, Förderungspolitik des Bundes und Außenpolitik.

Im nachfolgenden wird sich zeigen, daß ein Dachverband natürlich ein hohes politisches Gewicht auf Bundesebene hat. Darüber hinaus wird jedoch deutlich, daß durch die Kooperation mit den Landesverbänden gemäß der Länderkompetenz in der Kultur-, Bildungs- und Medienpolitik eine wirkungsvolle Interessenvertretung auf der Länderebene unterstützt wird und nach Bedarf bundesweit koordiniert wird. Umgekehrt hat schon manche Kommune einen Zündfunken in musikpolitischer Hinsicht entfacht, der schließlich von gesamtstaatlicher, kulturpolitischer Bedeutung wurde.

Dabei gilt zu berücksichtigen, daß Deutschland sich in den letzten 150 Jahren in seiner Staatsform sehr stark gewandelt hat, angefangen vom *Deutschen Bund* als Ergebnis des Wiener Kongresses 1815 als ein lockerer Staatenbund von 39 souveränen Staaten mit »landesständischen Verfassungen«, über die Gründung des Deutschen Reiches 1871 durch Verträge mit den süddeutschen Staaten, wodurch die Einheit Deutschlands, wenn auch in »kleindeutscher« Form, geschaffen wurde und als Bundesstaat über die Weimarer Republik (1918) und den Nationalsozialismus (1933–45) hin zur Gründung der Bundesrepublik und der DDR (1949) und der politischen Wende 1989.

---

[58] Vetter, Hans-Joachim: Die Tonkünstlerverbände 1844–1984, S. 115 u. 131.

Für die Diskussion größerer Themenkomplexe nutzte der Deutsche Tonkünstlerverband stets die Form der »Hauptversammlungen« oder »Delegiertenversammlungen« oder allgemeinen »Tonkünstlerfeste«. Detaillierte Erörterungen geschehen in Ausschüssen, wie Arbeitsausschüsse für Konzertveranstaltungen, Gutachterausschuß für zeitgenössische Kompositionen, Sozialausschuß, pädagogischer Ausschuß, usw. und natürlich im Präsidium.

Alle kulturpolitischen Initiativen des Deutschen Tonkünstlerverbandes schlugen und schlagen sich in Denkschriften, Entschließungen und Dokumentationen nieder. Sie zeigen auch die musikpolitischen Impulse, die vom Deutschen Tonkünstlerverband ausgingen, das Bewußtmachen von musikpolitischen Problemen und gleichzeitig aber auch die Hilfestellung zur Lösung von Problemen des Berufsstandes der Musiker.

2.1. Initiativen in der Bildungs- und Forschungspolitik von gesamtstaatlicher Bedeutung

2.1.1. Forderung nach einer Reform auf allen Gebieten der Musikerziehung und Musikpflege und deren Umsetzung

Der Berliner Otto Lange, angesehener Musikredakteur der Vossischen Zeitung, Mitbegründer des 1844 gegründeten Berliner Tonkünstlervereins, veröffentlichte bereits 1841 eine Schrift »Über die Musik als Unterrichtsgegenstand«, die mit Auslöser für die Gründung des Berliner Tonkünstlervereins sein sollte, um mittels einer »Standesorganisation« den Forderungen in den Behörden Nachdruck zu verleihen.

Auf Grund der Bedeutung dieser Schrift sei das Vorwort Otto Langes wiedergegeben:[59]

»Schon vor längerer Zeit beabsichtigte ich, über die gegenseitige Stellung der verschiedenen Lehrgegenstände, insbesondere über die Behandlung der Kunst in Schulen einige Gedanken niederzuschreiben. Außer meinen wissenschaftlichen Arbeiten gab mir eine vieljährige Beschäftigung mit der Musik manche Veranlassung, Wissenschaft und Kunst in ihrer Bedeutung für die allgemeine Schule mit einander zu vergleichen. Ich unterließ die Arbeit, weil mir zwar, wissenschaftliche Lehrgegenstände zu behandeln, nicht aber für die specielle Behandlung einer Kunst in der Schule hinlängliche Gelegenheit gegeben war. Das also, was ich in Beziehung auf die Kunst hätte schreiben können, wären entweder Ansichten gewesen, welche noch der Bestätigung durch die Erfahrung bedurft hätten, oder ich hätte mich begnügen müssen, die Kunst nach ihrem gegenwärtigen Standpunkte in der Schule zu erfassen und darzustellen. Vor zwei Jahren gelang es mir indessen, meine Ansichten theilweise zur Ausführung zu bringen, indem ich an zwei mit einander verbundenen Unterrichtsanstalten, der Königlichen neuen Töchterschule und der Bildungsanstalt für Lehrerinnen auf der Friedrichsstadt ein Institut errichtete, in welchem ein allgemeiner Musikunterricht ertheilt wird. Dieses Institut erfreut sich

---

[59] Lange, Otto: Die Musik als Unterrichtsgegenstand in Schulen, Berlin 1841, S. V–VIII.

81

des Schutzes des Königlichen Schulcollegii und der Direction jener Anstalten und enthält, wenn gleich als ein besonderes dastehend, die Elemente zu einer organischen Verbindung von Wissenschaft und Kunst in der Schule.

Diese kleine Schrift hat nun zunächst den Zweck, die Grundsätze, von denen ich ausgegangen bin, und die Ansichten, welche ich zum Theil in Ausführung gebracht habe, bekannt zu machen. Damit übergebe ich jedoch dem pädagogischen Publikum zugleich einen Entwurf, dessen allgemeinere Verbreitung und Anwendung mir von großer Wichtigkeit zu sein scheint. Der Gedanke, Kunst und Wissenschaft in dem Schulunterrichte zu verbinden, ist, wenn auch nicht ganz neu, so doch bei den Bestrebungen des heutigen Schulwesens, als deren Reaction die hier ausgesprochenen Ansichten zum Theil gelten mögen, sehr in den Hintergrund getreten. Wenn der Kampf zwischen Realismus und Humanismus geschlichtet sein wird, dürfte es sich vielleicht am ersten zeigen, ob die Erwartungen, welche ich mir von der Verwirklichung meiner Ansichten verspreche, in Erfüllung gehen werden. Daher wünsche ich, daß dieser Beitrag zum Unterrichtswesen einstweilen wenigstens Anerkennung finde.

Uebrigens muß ich bemerken, daß ich, wie der Leser schon aus der Form meiner Arbeit sehen wird, nur Grundzüge und Andeutungen gegeben habe, weil es mir darauf ankam, nicht *eine* Seite des Gegenstandes, sondern das Ganze zu beleuchten und wenigstens systematisch anzuordnen, an einer weiteren Ausführung desselben aber mühevolle Amtsgeschäfte und litterärische Arbeiten anderer Art mich jetzt noch verhindern.

Berlin im Juli 1841   Der Verfasser.«

Nicht nur die Begründung für die Einführung von Musik als Unterrichtsgegenstand ist hier nachzulesen, Otto Lange gibt hier detailliert didaktische Erläuterungen zur Durchführung des Musikunterrichts, der

»... in der Schule im Klavierspiel, im Gesang und in der Theorie (speziell: Ästhetik der Musik) sein soll ...«[60]

Die Widmung des Buches lautet »Einer hochverehrlichen Friedensgesellschaft von Westpreußen«.

---

[60] a.a.O.: S. 33 ff.

Die Zeit für die neuen Bestrebungen war günstig. Zwischen 1834–39 wurden ohnehin in Preußen eine Reihe wichtiger Kabinettsanordnungen über die Kunst und Erziehung erlassen.

König Friedrich Wilhelm IV. war der Kunst und den Künstlern wohlgesonnen und so erschien auf Grund Otto Langes Buch und Aufsätze und in Kenntnis des jungen Berliner Tonkünstlervereins am 14. Juli 1848 ein Erlaß der Preußischen Kultusministeriums, in dem eine

>>neue Organisation für die Verwaltung und den Bereich der Kunstangelegenheiten, und zwar mit Berücksichtigung sämtlicher Gebiete der Kunst<<[61]

in Aussicht gestellt wurde.

Oswald Schrenk sagte über diesen Erlaß:[62]

>>... war bisher das Verhältnis des Staates, genauer gesagt, des Königs, zur Kunstpflege ein rein patriarchalisches, so soll es jetzt anders werden. Der Erlaß – er stammte von dem Ministerialverweser von Ladenberg – fordert alle Beteiligten auf, Vorschläge zu machen zu einer völligen Neuorganisation des gesamten Kunstlebens. In verschiedenen Broschüren sind uns diese Vorschläge erhalten geblieben ...<<

Und genau hier setzte die Arbeit des jungen Berliner Tonkünstlervereins ein, der diesen Erlaß als Anlaß zur Einflußnahme in ministerielle Bestimmungen des Staates nahm.

In kürze lag ein umfangreicher und beachtenswerter Schriftsatz vor, der alle Probleme der Musikpflege aufgriff, von der Kirchenmusik über die Oper zur Schulmusik und zur Volksmusikpflege. Zwei grundsätzliche Dinge forderte der Berliner Tonkünstlerverein vom Staat,

>>nämlich ein aus neun Fachkundigen bestehendes Fachgremium, und daß im Ministerium selbst ein wirklicher Sachverständiger, ein theoretisch und namentlich mit dem Lehrwesen vertrauter Musiker den Vortrag (Vorsitz) in Musikangelegenheiten habe<<.[63]

---

[61] zit. nach Ebel, Arnold: Privatmusikerziehung in Fischer, Hans (Hrsg.): Handbuch der Musikerziehung, Berlin 1964², S. 92.

[62] Schrenk, Oswald: >>Berlin und die Musik<<, Berlin 1940, S. 252.

[63] zit. nach Moser, Hans Joachim: Zur Geschichte des Berliner Tonkünstlervereins, in: Laaff, Ernst (Hrsg.): Musik im Unterricht, Nr. 2, Mainz 1956, S. 46.

Die weiteren Vorschläge des Vorsitzenden Prof. Bernhard Adolf Marx bezogen sich auf die Erneuerung der Musiksektion der Berliner Akademie und auf die Gründung einer Musikhochschule – eine kulturpolitische Initiative, die auf die künftige Ausbildung von Musikern ausgerichtet war. In engem Zusammenhang stehen dazu die Marx'schen Forderungen nach einer Prüfung und staatlichen Anerkennung der Privatmusiklehrer, für die er den Titel »Öffentlicher Lehrer für Gesang oder für Geige«, oder »Öffentlicher Oberlehrer für Klavier« usw. vorschlug.

Mitautoren dieser Denkschrift waren neben B. A. Marx kein Geringerer als Otto Lange, Theodor Kullak, Dr. Gustav Bock, Friedrich Wilhelm Wieprecht und Otto Nicolai – also der gesamte Vorstand des damaligen Berliner Tonkünstlervereins!

Es entstand die »Denkschrift des Tonkünstlervereins zu Berlin über die Reorganisation des Musikwesens«, die an das Kultusministerium eingereicht wurde, und zugleich als Leitartikel von Bernhard Adolf Marx in der »Neuen Musikzeitung« durch mehrere Nummern hindurch ab 13. Sept. 1948 veröffentlicht wurde.

Verständlich wird jetzt auch, daß bereits in den Protokollen des Berliner Verbandes von 1848 der Beschluß vorliegt, sich mit Tonkünstlervereinen anderer Städte zu vereinen, um eine solche »Reorganisation« auf breiter Basis im Staat durchführen zu können.

Kamen auch die ersten Vorschläge nicht zur Ausführung, so war diese Schrift doch die Veranlassung dafür, daß etliche Jahre später die Berliner eine Arbeitsgemeinschaft mit dem mittlerweile begründeten »Leipziger Tonkünstler-Verein« eingingen. Unter Mitarbeit von Franz Liszt und Franz Brendel erschien eine zweite Denkschrift, die man nicht nur in Preußen, sondern auch in den Ministerien der übrigen Bundesländer einreichte.

Was 1848 zum ersten Mal von einem jungen Berufsverband klar ausgesprochen wurde, die Wechselbeziehung zwischen Staat und Musik durch eine planmäßige Förderung in allen Bereichen, bleibt von dieser Zeit an das Arbeitsprogramm des Tonkünstlerverbandes.

Auch Hermann Kretschmar nimmt in seinen »Musikalischen Zeitfragen« von 1903 dazu Stellung und fordert die Musiker auf, sich in einem »Zentralverband des Musikerstandes« zu vereinen, ähnlich wie es die Juristen, die Ärzte, die Gewerbetreibenden etc. schon lange machten.

84

Kretschmar lobt zwar die Arbeit der in den einzelnen Städten angesiedelten Tonkünstlervereine, weist jedoch nachdrücklich darauf hin, daß Bildungsfragen gesamtstaatliche Bedeutung zukämen und deshalb die nur lokale Wirkung der Vereine verstärkt werden müsse durch einen Zentralverband auf Bundesebene.

Kretschmar bedauert auch, daß der »Allgemeine Deutsche Musikverein«, in dem man als Standesvertretung für Musiker so große Hoffnung zu seiner Gründerzeit setzte, diese Forderungen nicht erfüllen könne, da er zu einer »einseitigen Konzertinstitution« geworden sei.

Dieses frühe Beispiel kulturpolitischer Initiativen des Tonkünstlerverbandes ist deshalb so ausführlich dargestellt, um die Wirksamkeit eines Berufsverbandes aufzuzeigen.

2.1.2. Einflußnahme des Tonkünstlerverbandes in die Bildungs- und Forschungspolitik auf Bundesebene im 20. Jahrhundert

Ein gewichtiges Moment als Initiative des Deutschen Tonkünstlerverbandes ab 1903 ist die Einwirkung auf die Regierung hinsichtlich einer »reichseinheitlichen« Regelung des privaten Musikunterrichts. So äußerte sich Leo Kerstenberg als Musikreferent des Kultusministeriums über die hohe Bedeutung des Tonkünstlerverbandes, der den Erlaß zur Staatlichen Privatmusiklehrerprüfung (StMP) initiiert und erarbeitet hat sowie die Einführung eines Unterrichtserlaubnisscheines erwirkt hat. Um sich nun tatsächlich auf die Privatmusiklehrerprüfung vorbereiten zu können, hat der Deutsche Tonkünstlerverband ab 1903 verbandseigene »Musikseminare« eingerichtet. Daraus wird ersichtlich, wie ein Dachverband durch Mitwirkung bei der Gesetzgebung auf Bundesebene trotzdem das einzelne Mitglied fördern kann. Im Jahrbuch der Deutschen Musikorganisation von 1931 finden sich folgende verbandseigenen Musikseminare: [64]

Königsberg, gegr. Oktober 1924, Dir.: W. Kühn
Provinz Niedersachsen:
Musikseminar von Helene Schmidt, 1917 gegr.
Seminar des RDTM, 1924 gegr., Dir.: M. Hennig

---

[64] vgl. Kestenberg, Leo (Hrsg.): Jahrbuch der Deutschen Musikorganisation 1931, Berlin 1931.

Magdeburg, 1923, gegr., Dir.: K. Lattey
Kieler Musikseminar, 1925 gegr., 1929 staatl. genehmigt,
      Dir.: Dr. H.-C. Niessen und R. Glas
Kassel, 1923 übernommen, Dir.: M. Ritz
Köln, 1929 staatl. genehmigt, Dir.: Prof. E. Heuser
Freiburg im Br.
Rostock
Bremen, 1927 gegr., Dir.: Ch. u. F. Kalkmann
Dresden
Berlin
Stettin
Breslau
Leipzig, 1915 gegr.

— — —

Ein anderes Beispiel, das das Hineinwirken des Deutschen Tonkünstler-verbandes in die gesamtdeutsche Bildungspolitik zeigt, ist die Förderung zeitgenössischer Musik. Hier gingen von den Ortsverbänden Denkanstöße aus, bis auf Bundesebene die beiden großen gesamtdeutschen Musikfeste von 1955 und 1956 die Förderung und Pflege zeitgenössischer Musik in grandiosen Veranstaltungen demonstrierten.

Unmittelbar nach Kriegsende machte sich im Rahmen des Wiederaufbaus des deutschen Kulturlebens ganz besonders ein ungeheurer Nachholbe-darf in Bezug auf die im 20. Jahrhundert entstandenen Kunstwerke der neuen Richtung bemerkbar, die während der Periode der nationalsozialis-tischen Herrschaft als »Entartete Kunst« verfehmt waren. Im Bereich der Musik hatten sich die aktivsten Kräfte und Persönlichkeiten in den Kranichsteiner Kursen in einer ersten überregionalen Initiative zusam-mengefunden. Diese Kurse wirkten als Signal. Aktive Musiziergemein-schaften fanden sich vielerorts zusammen, um die in der Zwischenzeit entstandenen Werke »unbekannt« gewordener Komponisten überhaupt erst einmal kennen zu lernen und aufzuführen. »Arbeitskreise für Neue Musik«, »Studios für Neue Musik« wurden gegründet. Ein bedeutendes Zentrum für die Pflege neuer Musik wurde in München vom dortigen Ortsverband des VDTM aufgebaut, das seit 1949 Fritz Büchtger leitete. In Nordrhein-Westfalen versuchte dies von Duisburg aus gleichfalls 1949 Hans-Joachim Vetter, ein ehemaliger Schüler von Hans Mersmann, dem schon in den zwanziger Jahren bedeutsamsten Vorkämpfer für die neue Musik (Herausgeber der Zeitschrift »Melos«). Vetter baute einen »Arbeitskreis für Neue Musik« auf, der getragen wurde von der Ortsgruppe des VDTM und dem Städtischen Konservatorium. Diese Arbeit setzte er nach seinem Weggang von Duisburg nach Münster 1958 dort fort: immer noch war der Nachholbedarf nicht gedeckt. Das Wirtschaftswunder der fünfziger Jahre war nicht dazu angetan, zur vielfachen Nachahmung zu ermuntern. So erschien es als eine dringende Notwendigkeit, in weiter Streuung die Einrichtung solcher Studios zu betreiben, was die beiden VDMK-Vizepräsidenten in gemeinsamer Aktion von Bundesebene aus seit 1967 begannen.

Auf Grund des Mauerbaus kamen zwar keine gesamtdeutschen Musikfeste mehr zustande, aber immerhin drei westdeutsche: 1967 in München, 1970 in Hannover und 1974 in Stuttgart und Sindelfingen.

Unabhängig davon gestalteten allerdings die Landesverbände zahlreiche Tonkünstlerfeste auf Länderebene.

Auch heute noch sind Tonkünstlerfeste Dokumentationen zeitgenössischer Musik und wie das 3. gesamtdeutsche Fest vom 22. bis 26. Oktober 1997 zeigt, Angelegenheiten des Bundes, was schon die Bezuschussung durch das Bundesinnenministerium beweist.

— — —

Eine weitere wichtige kulturpolitische Initiative war der von der Arbeitsgemeinschaft für Musikerziehung und Musikpflege (AGMM)[65] beschlossene »Aufruf zur Notlage der Musikerziehung und Musikpflege«, der bei allen maßgeblichen amtlichen und öffentlichen Dienststellen und Institutionen und an die gesamte Presse gerichtet wurde und in der Öffentlichkeit durch die der Arbeitsgemeinschaft angeschlossenen Verbände bekannt gemacht wurde. Dieser Notruf, der die verzweifelte Situation drastisch darstellte, löste eine Fülle von aufbauenden Maßnahmen aus. Von ministerieller Seite wurde zugesagt, daß die Anregungen und Forderungen sowohl hinsichtlich der beantragten gesetzlichen Regelung der Privatmusikerziehung, als auch durch eine tatkräftige Förderung auf dem Gebiet der Schul- und Jugendmusikerziehung unterstützt werden sollten.

— — —

---

[65] Der Deutsche Tonkünstlerverband war sowohl an der Gründung der AGMM beteiligt als auch federführend in der Mitarbeit.

Auch bei der Gründung des Deutschen Musikrates war der Deutsche Tonkünstlerverband maßgeblich beteiligt. Die »Deutsche Unesco-Kommmission« übertrug bereits 1952 der AGMM die Federführung für die Einrichtung einer »Deutschen Sektion des internationalen Musikrates«. Am 13. Juni 1953 erfolgte die Gründung, bei der ein vorläufiger Vorstand bis zur endgültigen Konstituierung gewählt wurde:
Vorsitzender Prof. Dr. Hans Mersmann, Stellvertreter Dr. Reinhard Limbach, Geschäftsführer Studienrat Herbert Saß, weitere Vorstandsmitglieder Oberstudienrat Egon Kraus, W. M. Berten, Prof. Arnold Ebel, Prof. H. J. Moser, allesamt Persönlichkeiten mit wichtigen Funktionen im Deutschen Tonkünstlerverband.

Unmittelbar im Zusammenhang mit dem Projekt der Tonkünstlerfeste steht ein weiteres, dessen Konzipierung und Durchführung Fritz Büchtger zu danken ist: die Schallplattenreihen »Deutsche Musik der Gegenwart«, ein Projekt, das kulturpolitisch gesehen wiederum der Ausgangspunkt für fortführende Initiativen auf Bundesebene war.

Mit dem gleichen Verhandlungsgeschick wie bei der Organisation der Musikfeste gelang es ihm, Komponisten, Solisten und Ensembles, Verlage und Firmen zu gewinnen, wodurch es trotz knapper Finanzdecke möglich wurde, dieses umfangreiche Projekt zu realisieren. Geplant war, weitgehend nach Bundesländern geordnet, je ein charakteristisches Werk lebender deutscher Komponisten aufzunehmen, um ein möglichst getreues Bild der Situation deutscher zeitgenössischer Musik zeichnen zu können. Bis 1970 war die erste Kassette in Verbindung mit der Deutschen Grammophon-Gesellschaft fertiggestellt, sie enthielt je ein Werk von 20 deutschen Komponisten. Schon 1971 wurde die zweite Kassette der Öffentlichkeit übergeben, diesmal waren es 18 Komponisten. Jede Kassette bestand aus sechs Schallplatten, dazu eine Kurzbiographie und ein Werkverzeichnis, sowie Einführungen zu den einzelnen Werken.

2.1.3. Besondere Maßnahmen zur Förderung in der Jugend-bildung

Während bis zum 2. Weltkrieg die Initiativen des Deutschen Tonkünstlerverbandes mehr auf die »Ausbildung« von Musikern und Musiklehrern ausgerichtet war, indem Konservatorien, Hochschulen, Lehrpläne, Prüfungsordnungen gefordert und auch bei deren Erstellung mitgewirkt wurde, initiierte der Verband nach 1945 verschiedene Projekte zur Förderung der musizierenden Jugend Deutschlands.

Als erster Versuch kann genannt werden, daß sich der Deutsche Tonkünstlerverband im Sinne verstärkter Präsentation der Mitglieder und des Verbandes bemühte, die örtlichen Veranstaltungen wie Lehrer- und Schülerkonzerte zu fördern, insbesondere auch zum Austausch der Veranstaltungen auf Landes- und Bundesebene zu ermuntern. Sehr hilfreich dazu war auch die vom Verband 1932 ins Leben gerufene Einrichtung des Hausmusiktages, – kulturpolitisch nicht nur eine gute Idee zur Wiederbelebung des häuslichen Musizierens, sondern auch wirtschaftlich gesehen ein hervorragendes Werbemittel für Musiklehrer und Musikwirtschaft.

Einen wichtigen Impuls gab der Deutsche Tonkünstlerverband zur Entwicklung von Jugendmusikwettbewerben, ja er kann sich zu Recht als Nestor des Bundeswettbewerbs »Jugend musiziert« bezeichnen. Bereits 1954 dachte man über die Schaffung von Schülerwettbewerben nach.[66] Verhandlungen wurden geführt mit dem Hause Steinway für einen jährlichen Wettbewerb, der auf Bundesebene stattfinden sollte. Doch erst 1960 konnte der erste Klavierwettbewerb stattfinden, der zweite 1962 in Stuttgart.[67] Gleichzeitig bemühte man sich, die in einzelnen Landesverbände bereits durchgeführten Wettbewerbe für Streicher und Bläser auf Bundesebene entsprechend zu koordinieren, ab 1962 von Jahr zu Jahr wechselweise je ein Klavierwettbewerb und einen Streicher- bzw. Bläserwettbewerb durchzuführen. Ab 1964 waren diese Wettbewerbe beim Deutschen Musikrat eingerichtet. Dabei wurden

Die musikalische Jugend Deutschlands
Der Deutsche Tonkünstlerverband
Der Verband der Jugend- und Volksmusikschulen
Der Verband Deutscher Schulmusiker

mit den Durchführungen der Vorarbeiten und der dann folgenden Wettbewerbe beauftragt. »Jugend musiziert« war kreiert und gilt heute noch als *das* Förderprojekt der musikalischen Jugend.

Finanziert wird der Wettbewerb »Jugend musiziert« vom Bundesministerium für Frauen und Jugend, von der Deutschen Stiftung Musikleben, von den Ländern, den kommunalen Spitzenverbänden, von Gemeindeverwaltungen und Sponsoren.

---

[66]   vgl. Protokoll der Präsidiumssitzung vom 12.6.1954 in Darmstadt
[67]   vgl. Protokoll der Informations- und Arbeitstagung 14.–16.9.1961 auf Mainau.

Nach wie vor wirkt der Tonkünstlerverband im Bundesausschuß »Jugend musiziert« maßgeblich mit und ist intensiv in das Projekt der Begabtenfördermaßnahme eingebunden.

Eine weitere kulturpolitische Initiative des Deutschen Tonkünstlerverbandes ist der »Bundeswettbewerb Gesang«. Einen Anstoß hierfür lieferte 1968 der Deutsche Musikrat, der von verschiedenen Gremien die Möglichkeiten eruieren lassen wollte, wie der Bereich Sologesang in »Jugend musiziert« einbezogen werden könnte, nachdem sich ein deutlicher Bedarf für dieses Fach gezeigt hatte.[68] Zur Klärung dieser Problematik betraute der Deutsche Musikrat den Deutschen Tonkünstlerverband, eine Kommission unter dem Vorsitz von Prof. Hans-Joachim Vetter zu bilden. Das Ergebnis war, daß nur ein eigenständiger Wettbewerb zum gewünschten Ziel führen könne, wobei sich ein mögliches Modell anhand des 1964 erstmals vom Landesverband Berlin durchgeführten Gesangswettbewerbs für deutsche Sänger und Sängerinnen im fortgeschrittenen Stadium ihrer Ausbildung bot, angeregt und konzipiert durch die Sängerin und Gesangspädagogin Louise Michels, Vorstandsmitglied im Berliner Verband. Auf Grund der Erfahrungen wurden auf der Delegiertenversammlung 1969 in Soest eine Erweiterung des Berliner Wettbewerbs auf Bundesebene und auf mehreren Stufen beschlossen.[69] Dementsprechend sollten drei Durchgänge erfolgen: die Vorausscheidung auf Landesebene, ein Auslesedurchgang der jeweiligen Landessieger auf Bundesebene in Berlin sowie ein Finale ebenfalls in Berlin. Zudem sollte der Wettbewerb in zwei Gruppen unterteilt werden: in eine Anfänger- und »Entdecker«-Gruppe und in eine Kategorie der Fortgeschrittenen, wobei hier speziell an die bereits im Beruf stehenden jungen Sänger und Sängerinnen bis zum 30. Lebensjahr gedacht wurde. Diese Konzeption wurde im November 1970 von der Bundesdelegiertenversammlung verabschiedet.[70] Im Spätherbst 1972 wurde der Wettbewerb erstmals durchgeführt unter Mitarbeit von Bert Holm (Landesverband Nordrhein-Westfalen) und Prof. Günther Wilhelms (Landesverband Berlin) sowie Fritz Weisse, der nach dem Tode Louise Michels die Leitung übernahm.

---

[68] vgl. hierzu sowie zum folgenden Vetter, Hans-Joachim: Die Tonkünstlerverbände 1844–1984, S. 128.

[69] vgl. hierzu sowie zum folgenden Protokoll der Delegiertenversammlung des VDMK vom 11./12.10.1969 in Soest.

[70] vgl. Protokoll der Delegiertenversammlung des VDMK vom 13.–15.11.1970 in Würzburg.

Eine zweite Erweiterung hat der Wettbewerb erfahren, nachdem man erkannt hatte, daß in der damaligen Situation der Gesangsausbildung eine fachliche Differenzierung in Oper, Oratorium und Lied nicht ausreichen würde.[71] Auf Grund der musikalischen Präferenzen schien eine Förderung des Bereichs Song – Musical sowie verwandter Gebiete zu diesem Zeitpunkt dringend erforderlich. Das Fehlen einer qualifizierten Ausbildung auf diesem Sektor stellte sowohl in bezug auf die Begabungsfindung als auch im Hinblick auf die Ausbildungsförderung eine bundesweite Aufgabe an den Wettbewerb dar. Da für diesen Bereich die Bewertungskriterien völlig anders gelagert waren, war die Einrichtung einer Sonderkategorie unumgänglich. Dieser Teil des Gesangswettbewerbs findet seit 1976 in den zwischen den Terminen liegenden Jahren ebenfalls alle zwei Jahre statt. 1976 wurde ferner die Sparte »Pop« in den Gesangswettbewerb aufgenommen.

Aus diesem Wettbewerb gingen zahlreiche große deutsche Talente hervor, von denen z.B. Friedrich Fischer-Dieskau, Horst Laubenthal und Bernd Weikl internationalen Ruf erlangen konnten.

— — —

Die besondere Bedeutung des Bundesverbandes in der Jugendbildung wird dadurch deutlich, daß der Deutsche Tonkünstlerverband an der Prüfung des »Ergänzungsplan zum Bildungsgesamtplan« der Bund-Länder-Kommission beteiligt war, der sich vor allem mit dem Ausbau des musisch-kulturellen Angebots für Kinder und Jugendliche beschäftigt.[72]

---

[71] vgl. Protokoll der Präsidiumssitzung des VDMK vom 14./15.05.1971 in Hannover.
[72] vgl. Protokoll der Delegiertenversammlung vom 3.5.1976 in Berlin.

2.2.   Interessenvertretung des Deutschen Tonkünstlerverbandes in der Sozialpolitik

Neben den künstlerischen und pädagogischen Maßnahmen setzte sich der Tonkünstlerverband von Anbeginn seiner Geschichte 1844 auch für die sozialen Belange seiner Mitglieder ein, das betraf Standes- und Berufsinteressen, aber auch Einrichtungen für eine gewisse soziale Absicherung.

Diese konnte erzielt werden in der direkten Mitwirkung der Gesetzgebung, in der Mitarbeit in Fachausschüssen der Bundesministerien, aber auch durch verbandseigene Unterstützungsfonds sowie durch die Zusammenarbeit mit Partnern aus der Versicherungsbranche.

2.2.1. Die Einrichtung von Pensionskassen und -Fonds im 19. Jahrhundert

Bereits der Berliner Tonkünstlerverband berichtet in seinen Gründerjahren von einer Pensionskasse, die aus den Einnahmen von Konzertveranstaltungen »gespeist« wurde. 1864 stärkte diese Pensionskasse ein Legat von 300 Talern aus dem Nachlaß von Giacomo Meyerbeer, der dem Berliner Tonkünstlerverein schon zu Lebzeiten sehr verbunden war. Der Berliner Tonkünstlerverein hatte außerdem damals schon die Möglichkeit, seine Mitglieder in das verbandseigene Erholungsheim in Lychen zu schicken.

Franz Brendel gründete sogar einen eigenen »Unterstützungsverein für Tonkünstler« mit einer genau festgelegten Satzung als Ergänzung zur Satzung des 1861 proklamierten Allgemeinen Deutschen Musikvereins[73]. Darin wird ausgeführt – und so waren alle Unterstützungsfonds auch anderer Musikverbände angelegt –,

> »daß der Zweck wie die äußere Existenz der durch Krankheit, Verarmung oder durch sonstige unverschuldete Unglücksfälle unfähig, respektive bedürftig gewordenen Mitglieder wo nötig zu festigen und deren unsichere pekuniäre Stellung nach Kräften zu festigen ... Anspruch auf Unterstützung hat jedes Mitglied (und dessen Witwe) ...«

---

[73]   Brendel, Franz (Hrsg.): Neue Zeitschrift für Musik vom 6. Sept. 1861, Leipzig 1861, S. 89.

Diese Leistung konnte in Form eines Vorschusses sein, einmalig oder regelmäßig. Bei Nichtzahlung der Verbandsbeiträge sowie bei unsolidem Lebenswandel oder bei Wiederverehelichung einer Witwe wurden die Zahlungen eingestellt. Festgelegt war auch, daß vom gesamten Jahresetat des Verbandes nur ein Drittel für Unterstützungszwecke ausgegeben werden durfte, jeweils nach Entscheidung des Vorstandes.

Hans Joachim Moser berichtet über die »Invalidenstiftung«[74] des Berliner Verbandes, die 1903 mit einem Grundkapital von 10.000 Goldmark begann. Bis 1918 wurde die Kriegshilfskasse weiter ausgebaut, für die vornehmlich Dr. Richard Stern zuständig war und hoch erfreut war man über die 20.000 Mark, die aus der Erbschaft von Karl Kindworth eingingen. Mit der Gründung des großen Zentralverbandes Deutscher Tonkünstler 1903 erhofften sich die Mitglieder eine weitere Verbesserung ihrer wirtschaftlichen Lage sowie die »Begründung eines einheitlichen Pensions- und Versorgungsinstitutes.«[75]. Daneben war die Schaffung und der Ausbau von Wohlfahrtseinrichtungen in der Satzung von 1903 verankert. Ebenso berichtet Fritz Stege[76], daß im Jahre 1909 aus einer Lotterie ca. 30.000 Mark den Pensionseinrichtungen zuflossen.

In einem Informations-/Werbeblatt des Reichsverbandes Deutscher Tonkünstler (1922) heißt es ausdrücklich

»... gewährt Unterstützung aus einer Hilfskasse in besonderen Notfällen ...«

Die VLDTM setzte durch ihre Zusammenarbeit mit der Langenbach-stiftung weitere neue Akzente im Bereich der sozialen Betreuung ihrer Mitglieder.[77] Ziel dieser Stiftung war es, Musiklehrerinnen und Witwen von Musiklehrern im Alter zu betreuen. Gleichzeitig bemühten sich die VLDTM auch um Stipendien für Mitglieder, die von der deutschen Industrie eigens für die Förderung von Nachwuchskünstlern zur Verfügung gestellt wurden.

---

[74] Moser, Hans Joachim in: Musik und Bildung Nr. 2, Mainz 1956, S. 48.

[75] Hausmann, Leopold (Hrsg.): »Deutsche Tonkünstlerzeitung« 11. Berlin 1903, S. 1903

[76] Stege, Fritz: Zur Geschichte des »Reichsverbandes« in Programmbuch zur Festlichen Tagung in Halle 1926, S. 24.

[77] vgl. Protokoll der Präsidiumssitzung vom 12.6.1954 in Darmstadt.

Erst das Jahr 1913 brachte die Auflösung der Pensionsanstalten, da ihre Existenz durch das Inkrafttreten der reichsgesetzlichen Versicherungen erloschen war.

Einige Landesverbände wie z.B. Bayern unterhalten auch heute noch Unterstützungsfonds für bedürftige Mitglieder.

2.2.2. Initiativen zur sozialen Absicherung der Mitglieder im 20. Jahrhundert

Bereits der Reichsverband Deutscher Tonkünstler bot seinen Mitgliedern günstige Prämien beim Beitritt zu einer Kranken- und Sterbekasse an.

Weitergeführt wurde dieser Komplex der Mitgliederbetreuung dann durch den »Verband Deutscher Musikerzieher und konzertierender Künstler (VDMK)«. Diesem gelang es durch die Zusammenarbeit mit Versicherungen, günstige Konditionen für seine Mitglieder beim Abschluß einer privaten Altersversorgung zu erwirken, was in Anbetracht der damaligen sozialen Gegebenheiten[78] gerade für die freiberuflich Tätigen von großem Nutzen war.[79] Die Situation der freiberuflichen Musiker und Musiklehrer war nach wie vor gegenüber den verbeamteten und angestellten Tonkünstlern ungesichert.

Ein großes Verdienst des VDMK war deshalb die Einrichtung eines Sozialausschusses sowie die Bemühungen um eine Künstlersozialkasse auf Bundesebene.

Initiativen aus dem 1967[80] ins Leben gerufenen Sozialausschuß des Tonkünstlerverbandes waren vielfältig.

➤ So ist beispielsweise 1973 der Sozialausschuß mit Denkschriften mehrmals beim Bundesfinanzministerium vorstellig geworden, um

---

[78] Besonders schwierig war es für den Freiberuflichen bei Verlust oder Einschränkung der Arbeitsfähigkeit im Alter.

[79] vgl. Protokoll der Sitzung des Sozialausschusses vom 09.12.1977 in Herrsching.

[80] vgl. Protokoll der Delegiertenversammlung des VDMK vom 07.07.1967 in München.

für freiberuflich tätige Musiklehrer steuerliche Erleichterungen zu erwirken.[81]

> Um die soziale Alterssicherung der Mitglieder auszubauen, ist man neben der Langenbachstiftung auch mit dem Paritätischen Wohlfahrtsverband in Kontakt getreten.

> Des weiteren war der Sozialausschuß darum bemüht, die gesetzliche Rentenversicherung für die freiberuflich Tätigen, z.B. Künstler oder Musikerzieher, zu öffnen.[82]

> Auch nachdem 1975 die »Deutsche Angestellten Krankenkasse (DAK)« ihre Mitgliedsbeiträge erhöht hatte, erreichte der Sozialausschuß, daß die VDMK-Mitglieder von dieser Beitragserhöhung befreit wurden.[83]

> 1976 arbeitete der Sozialausschuß des Tonkünstlerverbandes im Auftrag der Bundesregierung bei der Erstellung der Künstlerenquête mit, deren Ergebnis deutlich machte, in welchen katastrophalen Zustand sich der Berufsstand der freien Musikerzieher in der damaligen Zeit befand. Als Folge dieser Künstlerenquête ergab sich die dringende Notwendigkeit, Konsequenzen für Existenz- und Alterssicherung freiberuflicher Künstler zu ziehen. Dem Sozialausschuß des VDMK in Verbindung mit der »Arbeitsgemeinschaft Musikberufe (AGMB)« fiel hier die Aufgabe zu, bei der Fassung des Künstlersozialversicherungsgesetzes (KSVG) mitzuwirken, worauf 1981 die Bundesregierung einen Entwurf eines Künstlersozialversicherungsgesetzes vorlegte.
Da dieser Entwurf aber noch mit einigen Ungenauigkeiten und Mängeln behaftet war, sollte sich eine Verabschiedung dieses Gesetzes noch etliche Jahre hinauszögern, ehe es 1983 in Kraft trat. In den folgenden Jahren klagte der VDMK auf Grund der vom Gesetzgeber nicht durchgeführten Korrekturen beim Bundesverfassungsgericht. Wenngleich die Klagen abgewiesen wurden, da das Gesetz – wie vom Gericht eingeräumt – zwar an sich reformbedürftig, aber rechtskräftig war, kam es im Januar 1988 zu einer ersten Anhörung bezüglich einer Novellierung des Künstlersozialversicherungsgesetzes im Bundesar-

---

[81] vgl. Protokoll der Delegiertenversammlung des VDMK vom 05./06.05.1973 in Würzburg.

[82] vgl. Protokoll der Präsidiumssitzung des VDMK vom 14./15.05.1971 in Hannover.

[83] vgl. hierzu sowie zum folgenden Protokoll der Delegiertenversammlung des VDMK vom 29./30.11.1975 in Mainz.

beitsministerium, bei der auch der VDMK durch seinen Sozialausschuß vertreten war.

Schließlich wurde der damalige Geschäftsführer des VDMK, Klaus Obermayer, vom Bundesarbeitsministerium in den Beirat der Künstlersozialkasse berufen. Im Bereich der Sozialpolitik war das wohl von größter Bedeutung, da hier durch Initiativen des Deutschen Tonkünstlerverbandes auch die anderen Sparten der Kunst in diesen Genuß kamen.

1996 wurde auf Grund des nicht mehr amtierenden Klaus Obermayer das Präsidiumsmitglied Wolfgang Büssenschütt in den Beirat der Künstlersozialkasse berufen.

— — —

Ein weiteres Gebiet, auf dem der VDMK tätig war, war das Versicherungswesen. Denn nach den Bundesrichtlinien zur Kranken-, Angestellten- und Arbeitslosenversicherung unterliegt auch der Musiker und Musiklehrer unabhängig davon, ob abhängig beschäftigt oder selbständig tätig, unter bestimmten Prämissen in der Kranken- und Rentenversicherung der Versicherungspflicht.[84] Um seinen Mitgliedern Versicherungsmöglichkeiten zu eröffnen, hat der VDMK im Laufe der Jahre eine Anzahl von Gruppenversicherungsverträgen abgeschlossen, die eine günstige Rabattierung erlaubten. Durch diese Gruppenversicherungsangebote hat das einzelne Mitglied die Möglichkeit, einen äußerst kostengünstigen Versicherungsschutz zu erwerben. Das Versicherungsangebot des VDMK erstreckte sich auf folgende Angebote:

> 1967 wurde mit der Hamburg-Mannheimer-Versicherungs AG ein Gruppenversicherungsvertrag zur Alters- und Hinterbliebenenversorgung abgeschlossen, sowie eine Gruppensterbegeldversicherung, die 1971 durch eine Unfallvorsorgeversicherung erweitert wurde.

> 1968 schloß der VDMK für seine Mitglieder mit der Mannheimer Versicherung AG einen Vertrag für eine spezielle Musikinstrumentenversicherung ab, 1979 für eine berufsbezogene Unfallversicherung.

> 1980 wurde zwischen dem VDMK und der Vereinigten Versicherungsgruppe ein Pauschalabkommen vereinbart, das zum einen den Landesverbänden die Möglichkeit eröffnete, für ihre eigenen Veran-

---

84   vgl. hierzu sowie zum folgenden Vetter, Hans-Joachim: Die Tonkünstlerverbände 1844–1984. S. 133 f.

staltungen eine Vereinshaftpflichtversicherung, und zum anderen für ihre Mitglieder eine Berufshaftpflichtversicherung abzuschließen. Nahezu alle Landesverbände haben von dieser Möglichkeit Gebrauch gemacht.

➤ 1993 erarbeitete der Vizepräsident des Deutschen Tonkünstlerverbandes, Klaus Eidmann, mit der Mannheimer Versicherung AG noch weitere Versicherungsmöglichkeiten und legte diese vertraglich fest mit dem Ziel, den Schutz so umfassend und kostengünstig wie möglich zu gestalten.[85] Dieser Versicherungsvertrag ist in seinen Konditionen speziell auf die Bedürfnisse der Musiker abgestimmt, wie die folgenden Punkte zeigen:
1. Musikinstrumentenversicherung[86]
2. Unfallversicherung[87]
3. Berufshaftpflichtversicherung[88]
4. Kranken-Betriebskostenversicherung
5. Altersvorsorge[89]
6. Krankenversicherung
7. Sterbegeld

➤ 1995 erweiterte der DTKV sein Versicherungsprogramm dahingehend, indem er mit der »Vereinten Versicherung« ein Rahmenabkommen über die Kooperation bei der Vermittlung von Kranken-, Lebens-, Leib- und Komposit-Versicherungen sowie über Finanzdienstleistungen für Verbandsmitglieder abgeschlossen hat.[90]

---

[85] vgl. hierzu sowie zum folgenden Göbel, Dorothee: Versicherungsschutz für den Tonkünstler – Das Konzept »Sinfonima« der Mannheimer Versicherung AG. In: Neue Musikzeitung (1993) 6. S. 44.

[86] Versichert ist hierbei das Instrument gegen Beschädigung, Diebstahl, Abhandenkommen, Vertauschen und Beschädigung durch einen Unfall. Vgl. hierzu auch Göbel, Dorothee: Kleiner Trost. In: Neue Musikzeitung. 43 (1994) 1. S. 49.

[87] vgl. hierzu auch Göbel, Dorothee: Musikerhände: ein Sonderfall für Versicherer – Leistungen der Spezial-Unfallversicherung für Berufsmusiker über den DTKV. In: Neue Musikzeitung. 43 (1994) 2. S. 46.

[88] vgl. hierzu auch Göbel, Dorothee: Konstruierte Katastrophen? In: Neue Musikzeitung. 43 (1994) 3. S. 49.

[89] vgl. hierzu auch Göbel, Dorothee: Informationen zur privaten Altersvorsorge. In: Neue Musikzeitung. 43 (1994) 4. S. 49.

[90] vgl. Göbel, Dorothee: Verbandsarbeit. In: Neue Musikzeitung. 44 (1995) 4. S. 42.

> 1995 wurde vom DTKV das Versicherungsangebot für seine Mitglieder um eine Rechtsschutzversicherung erweitert.

2.2.3. Die Zusammenarbeit des Tonkünstlerverbandes mit der Deutschen Angestellten Gewerkschaft (DAG)

Einen weiteren Punkt im Rahmen der Sozialpolitik des Tonkünstlerverbandes stellt die Zusammenarbeit mit der »Deutschen Angestellten Gewerkschaft (DAG)« dar.[91] Nachdem sich der VDMK mit dem Ziel konstituiert hatte, allen freiberuflich tätigen und angestellten bzw. beamteten Musikern und Musikerziehern, ein gemeinsames musik- und gesellschaftspolitisches Forum für ihre Interessen zu bieten, schloß sich auch der »Verband der Jugend- und Volksmusikschulen« dem VDMK an.[92] Überdies führte der VDMK die Sparte der Angestellten korporativ der DAG zu, die ihrerseits Aufgeschlossenheit und Bereitschaft für die Entwicklung eines Tarifvertrages bekundete.[93] Auf Grund der unklaren juristischen Situation der Jugendmusikschulen gestalteten sich jedoch diese Gespräche langwierig, so daß erst nach einigen Jahren die eigentlichen Arbeiten, an dem zu erstellenden Tarifvertrag mit den Vertretern der DAG beginnen konnten. Trotz aller Probleme und Unklarheiten, die zu lösen waren, gelang es 1972, diese Gemeinschaftsarbeit mit einem Vertragsentwurf zu einem vorläufigen Abschluß zu bringen. Im weiteren Verlauf gelang es allerdings der DAG nicht, den Partner auf der Arbeitgeberseite, die »Vereinigung kommunaler Arbeitgeberverbände (VKA)« für erste Gespräche zu gewinnen, womit der ausgearbeitete Tarifvertrag nicht in die Tat umgesetzt werden konnte. Daraufhin stellte der VDMK

---

[91]   Bezüglich der Zusammenarbeit des VDMK mit der DAG vgl. a) Protokoll der Delegiertenversammlung des VDMK vom 19.11.1975 in Mainz;
b) Protokoll der Präsidiumssitzung des VDMK vom 18.01.1975 in Mainz;
c) Protokoll der Präsidiumssitzung des VDMK vom 20.09.1978 in München;
d) Protokoll der Delegiertenversammlung des VDMK vom 22./23.09.1979 in München; e) Protokoll der Delegiertenversammlung des VDMK vom 28./29.11.1987 in Stuttgart; f) Protokoll der Sitzung des Geschäftsführenden Vorstandes des VDMK vom 14.06.1988 in München; g) Protokoll der Präsidiumssitzung des VDMK vom 22.09.1988 in München; h) Protokoll der Delegiertenversammlung des VDMK vom 17./18.03.1989 in Mainz.

[92]   vgl. Vetter, Hans-Joachim: Die Tonkünstlerverbände 1844–1984. S. 134.

[93]   vgl. hierzu sowie zum folgenden Protokoll der Präsidiumssitzung des VDMK vom 09.02.197 in Hannover.

vorläufig die Zusammenarbeit mit der DAG ein. Erst 1987 wurde die Kooperation zwischen DAG und VDMK insofern belebt, als die DAG nach Gründung des Fachbereiches Musikerziehung dem Bundesverband folgendes Angebot machte:[94]

1. Zusammenarbeit mit der Fachgruppe Musikerziehung in der Berufsgruppe Kunst und Medien der DAG.
2. Genaue Trennung der Aufgaben.
3. Beitragsformalitäten (die DAG erwartet von ihren Mitgliedern 1% des Bruttoverdienstes. Bei Mitgliedern im VDMK und der daraus resultierenden Leistungen erwartet die DAG von diesen Mitgliedern für die gewerkschaftlichen Zusatzleistungen lediglich eine Anerkennungsgebühr).
4. Die DAG bietet dem VDMK organisatorische Hilfestellungen (z.B. bei Druckvorhaben).
5. Die Zusammenarbeit kann in Form einer Kooperation oder auch eines nur »losen Briefwechsels« bestehen.

Die weiteren Verhandlungen zwischen VDMK und DAG, vor allem was den Punkt »Beitrag für VDMK-Mitglieder« betraf, führten allerdings zu keinem brauchbaren Ergebnis.[95] Dies war insofern enttäuschend, zumal dieser Punkt, nachdem anfänglich Einverständnis von DAG-Seite signalisiert worden war, später vom DAG-Vorstand nicht genehmigt wurde. Da sich erneut die Kooperation zwischen VDMK und DAG als ergebnislos erwiesen hatte, wurden die Kontakte eingestellt.

Die Zusammenarbeit mit der DAG gipfelte, als am 29.11.1975 in Mainz aus dem Deutschen Tonkünstlerverband heraus ein Verein gegründet wurde, der die Grundlage einer Gewerkschaft für abhängig beschäftigte Musikerzieher und konzertierende Künstler sein sollte, die Gewerkschaft Deutscher Musikerzieher und konzertierender Künstler GDMK.[96] Bewußt wurde der Name schon nach außen hin in deutliche Beziehung zum VDMK gesetzt.

---

[94] vgl. Protokoll der Delegiertenversammlung vom 28./29.11.1987 in Stuttgart.
[95] vgl. Protokoll der Delegiertenversammlung vom 17./18.3.1989 in Mainz.
[96] vgl. Protokoll der Gründungsversammlung der GDMK am 29.11.1975 in Mainz.

Der Vorstand setzte sich zusammen aus:

Eckart Rohlfs	Vorsitzender
Dorothee Birck v. Bistram	stellvertr. Vorsizende
Hans Jürgen Feilke	
Horst Klammer	
Wilhelm Latour	

Mit der neu gegründeten GDMK wollte man sich der Gewerkschaft Kunst im DGB anschließen. In einer Rahmenvereinbarung vom Januar 1976 wurde die Zusammenarbeit VDMK – GDMK genau geregelt. Doch auch diese Gewerkschaft konnte den VDMK nicht überdauern, da ihre Position innerhalb der Gewerkschaft Kunst nur sehr schwach war und die unterschiedlichen Auffassungen über die neue Struktur des Verbandes unter seinen Mitgliedern kontroverse Diskussionen hervorrief. Der neue Satzungsentwurf wurde abgelehnt. Damit war bereits 1977 die gesamte 1975 in Mainz begonnene Verbandsreform in Hinblick auf eine gewerkschaftliche Zusammenarbeit gescheitert.[97]

2.2.4. Geschlechterspezifische Maßnahmen

Fast modern muten die Paragraphen des Reichsverbandes Deutscher Tonkünstler an, wenn hier geschlechterspezifisch auf die »Frau« eingegangen wird. So heißt es in § 16[98]

> »... im Hauptvorstand, der aus männlichen und weiblichen Mitgliedern möglichst paritätisch zusammengesetzt sein soll, hat die Vertreterin der Reichsfrauengruppe Sitz und Stimme ...«

Der Abschnitt X. behandelt die »Reichsfrauengruppe« im Tonkünstlerverband, die verbandstechnisch zwei Bindungen eingingen:

Einerseits war die Gesamtheit der Frauen als Reichsfrauengruppe im RDTM, andrerseits waren diese dem Allgemeinen Deutschen Lehrerinnenverein (ADLV) angeschlossen. Die Beiträge übernahm der RDTM.

Außerdem hatte die Reichsfrauengruppe eigene Sitzungen in Zusammenhang mit den Tagungen des Gesamtvorstandes des RDTM, denen männliche Mitglieder als »Zuhörer« beiwohnen konnten.

---

[97] vgl. Vetter, Hans-Joachim: Die Tonkünstlerverbände 1844–1984. S. 147–153.
[98] Satzung des Reichsverbandes (eigentlich Zentralverbandes), Berlin 1903.

Der Frauengruppe kommt letztlich eine sehr hohe Bedeutung zu, da ihre
Aufgabe war,

> »... Frauenfragen im Zusammenhang mit arbeitsrechtlichen Be-
> stimmungen zu fördern und zu klären.«

Heute hat der Deutsche Tonkünstlerverband keine Frauengruppe
mehr, Frauen sind längst gleichberechtigt im Verbandsleben. Allerdings
wurde mit der Wahl von Prof. Dr. Inka Stampfl zum ersten Mal in der
150-jährigen Geschichte dieses Verbandes eine Frau zur Präsidentin
gewählt.

2.3. Aspekte der Finanzpolitik

Schon der Reichsverband Deutscher Tonkünstler und Musiklehrer hebt als Ergebnis seiner Bemühung in der Finanzpolitik des Reiches hervor, daß er

> den Wegfall der Gewerbesteuern und

> die Befreiung von der Umsatzsteuer für seine Mitglieder durchgesetzt hat,

> daß er für die Herabsetzung der Luxus(-Vergnügungssteuer) für ernste Konzerte kämpft sowie

> für den gänzlichen Erlaß von Steuerabgaben bei Einführungs- und Schülerkonzerten sich einsetzt und garantiert

> die wirtschaftliche Absicherung und einheitliche Regelung der Honorarfrage durch Unterrichtsverträge herbeizuführen sucht, deren Bedingungen für alle Mitglieder verbindlich sind.

Auf der Hauptversammlung des Reichsverbandes 1926 in Halle stand sogar ein großer Vortrag mit dem Thema »Tonkünstler und Umsatzsteuer« auf dem Programm, der von Ministerialrat Dr. Grabower gehalten wurde.

Entscheidend wurde nach dem Krieg durch den Deutschen Tonkünstlerverband auf die Befreiung der Umsatzsteuer des Musikerziehers hingewirkt, so daß sich 1997 doch eine erhebliche Erleichterung darstellt.

Das Grundprinzip der Umsatzsteuer ist, daß alle im Inland tätigen Unternehmer der Umsatzsteuer unterliegen. Und im steuerlichem Sinne gehören dazu auch die Honorare der freischaffenden Künstler und die der selbständigen Musiker. Der allgemeine Steuersatz, der auch z.B. für Unterrichtshonorare zutrifft, beträgt 15%. Ein ermäßigter Steuersatz von 7% kommt z.B. für die Umsätze aus der Übertragung urheberrechtlicher Nutzungsrechte in Betracht.

Der Deutsche Tonkünstlerverband hat nun erwirkt, daß nach § 4 Nr. 216 UStG ein freiberuflich erteilter Musikunterricht dann umsatzsteuerfrei bleibt, wenn der Unterricht auf einen Beruf vorbereitet oder auf ein öffentliches Examen. Dazu braucht der Musikpädagoge allerdings eine Bescheinigung der zuständigen Landesbehörde. Wichtig ist, daß, wenn diese Bescheinigung vorliegt, dann die Unterrichtsleistungen an alle Schüler von der Umsatzsteuer befreit sind.

102

Eine nicht unwesentliche Erleichterung liegt auch bei Teilnahme an Fortbildungsveranstaltungen vor, die dem Beruf dienen. Hier gibt der Deutsche Tonkünstlerverband Bestätigungen – teilweise auch auf Landesebene Zuschüsse –, um die Kosten einer Fortbildungsveranstaltung steuerlich geltend machen zu können.

2.4.   Bedeutende Impulse im Bereich der Wirtschaftspolitik

Es ist hinreichend bekannt, daß die Unternehmen der Musikwirtschaft einen attraktiven Wirtschaftszweig darstellen. Sie haben einen erheblichen Anteil für eine funktionierende Musikkultur und leisten einen Beitrag zur Musikpflege und Musikerziehung, u.a. auch nach dem Motto, daß ein musikalisch gebildeter Bürger auch ein aktiver Musikkonsument ist.

Außerdem ist die Musikwirtschaft auch eine Existenzgrundlage für viele Musiker, Komponisten und Musikpädagogen. Funktionierende Absatzstrukturen, professionelles Marketing und gezielte Werbung haben der Musik ein Massenpublikum erobert, wobei die technische Entwicklung der Medien, moderne industrielle Fertigungstechnologien bis hin zur computergesteuerten Elektronik ihren Beitrag leisten. Dies alles ist aus dem »Musizieren« und »Musikhören« des vorigen Jahrhunderts heraus entstanden. Dieser Erkenntnis bediente sich der Tonkünstlerverband bereits im 19. Jahrhundert und leistete einen wesentlichen Beitrag zur Ankurbelung der Musikwirtschaft. So geht aus den Akten der frühen Tonkünstlerversammlungen hervor, daß man in Vorträgen, Diskussionen und Vorführungen z. B. Neuerungen im Instrumentenbau vorführte, so z. B. die Funktion der Pedal-Maschinen-Pauke, oder über Neuerungen bei den Tasteninstrumenten etc. berichtete.

Wie aus der Tagesordnung der 1. Tonkünstlerversammlung 1847 zu erfahren war, diskutierte man heftigst z. B. die »Notenpiraterie«, man verankerte in den Satzungen die Stellenvermittlung von Musikern und Musiklehrern.

Zwei Projekte des Deutschen Tonkünstlerverbandes seien ob ihrer besonderen Bedeutung herausgestellt, die Einführung von Musikfachmessen zu Beginn des 20. Jahrhunderts und die Möglichkeit der Existenzgründungs- und Existenzsicherungsdarlehen für Künstler heute.

2.4.1. Die Musikfachmessen des Deutschen Tonkünstlerverbandes

Vom 5.–20. Mai 1906 lenkte der Zentralverband Deutscher Tonkünstlerverein durch eine Musikfachausstellung in sämtlichen Räumen der Berliner Philharmonie das Interesse der Musikwelt auf sich. Diese Absicht war schon seit 1904 geplant, konnte aber erst 1906 in die Tat umgesetzt werden. Man wollte durch eine Ausstellung musikalischer

Erzeugnisse den Künstlern Vergleichsmöglichkeiten erschließen, sie über alle technischen Neuerungen und Errungenschaften informieren und gleichzeitig den Fabrikanten die Möglichkeit geben, musikalische Produkte einem großen Kreis von Interessenten vorzuführen. Die gesamte Öffentlichkeit – auch viele Nichtmusiker – nahm regen Anteil an dieser ersten Musikmesse. Ihre Bedeutung wird daran ersichtlich, daß sie unter dem Ehrenpräsidium des Prinzen Friedrich Wilhelm von Preußen stand. Gleichzeitig wurden Vorträge und Konzerte veranstaltet, die sowohl die Verbandskasse als auch dem »Pensionsfond« durch den großen Publikumsandrang sehr zu gute kamen. Verbunden war auch eine Prämierung besonderer musikalischer Projekte und das Preisgericht konnte 10 Ehrenpreise und 85 Ausstellungsmedaillen verteilen.

Nach diesem großen Erfolg fand die nächste Musikfachausstellung im Juni 1909 im Kristallpalast in Leipzig statt. Sie stand unter dem Protektorat von König August von Sachsen und war dieses Mal mit einer Lotterie im Wert von 200.000 Mark verbunden. Wieder wurde die Ausstellung begeistert aufgenommen, von dem Reinerlös von 54.380 Mark profitierte die Verbandskasse und vor allem der Pensionsfonds.[99]

Nicht unerwähnt soll in diesem Zusammenhang der »Europiano-kongreß« sein, der vom 25.–30. Mai 1965 im damaligen »Westberlin« stattfand, ein »Internationaler Fachkongreß für Klavierinstrumente«. Neben dem Bund Deutscher Klavierbauer e.V. war der Deutsche Tonkünstlerverband verantwortlich für die Durchführung des Kongresses durch seinen damaligen Geschäftsführer Dr. Eckart Rohlfs. Mit Sicherheit wurden damals die Wurzeln gelegt für die heute existierenden European Piano Teachers Association (EPTA)!

Nach dem 1. Weltkrieg fanden noch weitere Musikausstellungen 1924 im Berliner Sportpalast statt, sowie 1927 in Frankfurt/Main. Diese Musikfachausstellungen können als die direkten Vorläufer der Düsseldorfer Messen bezeichnet werden und letztendlich der für die Musikwirtschaft heute nicht mehr wegzudenkenden Frankfurter Musikmesse.

---

[99] vgl. Stege, Fritz: Zur Geschichte des Reichsverbandes in Festbuch zur Hauptversammlung 7.–11. Okt. 1926 Halle/Saale.

2.4.2. Existenzgründungs- und Existenzsicherungsdarlehen für Künstler

Als eine der wohl wichtigsten wirtschaftspolitischen Maßnahmen des Deutschen Tonkünstlerverbandes ist die Möglichkeit zu sehen, daß selbständige Musiker und Musikerzieher Existenzgründungsdarlehen und Eigenkapitalhilfen in Anspruch nehmen können. Dem Sozialausschuß ist es zu verdanken, dem erstmals 1984 Verhandlungen mit der Lastenausgleichsbank und dem Bundesministerium des Innern gelang, Widerstände bezüglich der Vergabe von diesen Darlehen abzubauen. Wichtig war damals, in Gesprächen mit Banken die ablehnende Haltung gegenüber selbständigen Musikern und Musikerziehern zu vermindern.

War diese Barriere überwunden, waren es nun die Musiker, die sich wegen der umfangreichen und für Musiker weniger geeigneten Formulare nicht an eine Antragstellung heranwagten.

Der entscheidende Schritt gelang erst, als von seiten des Deutschen Tonkünstlerverbandes so lange beim Bundeswirtschaftsministerium insistiert wurde, bis eine für alle Künstler verständlich und übersichtlich formulierte Broschüre für Unternehmungsgründungen und -sicherungen herausgegeben wurde.[100] Zu diesem Zweck wurde eine Interministerielle Arbeitsgruppe ins Leben gerufen, in der der Tonkünstlerverband maßgeblich durch die Vertretung von Prof. Dr. Inka Stampfl seine Vorstellungen und Forderungen einbringen konnte. So wurden zum ersten Mal die Wirtschaftsförderprogramme des Bundes in übersichtlicher Form präsentiert.

---

[100] Bundesministerium für Wirtschaft (Hrsg.): Wirtschaftspolitik für Kunst und Kultur, Bonn 1996.

2.5. Interessenvertretung des Deutschen Tonkünstlerverbandes in der Rechtspolitik

2.5.1. Mitwirkung beim Urheberrechtsgesetz

Rechtliche Fragen und Intentionen auf Bundesebene zeigten sich bereits auf der ersten Tonkünstlerversammlung 1847 in Leipzig, auf der hart über eine »allgemeine Abgabepflicht« diskutiert wurde zu Gunsten der Komponisten, wenn dessen Werke zu Lebzeiten aufgeführt werden.

Nachdem immer wieder Forderungen in der gleichen Richtung eingegangen sind, wurde an den Staat appelliert, eine entsprechende »Verordnung über die Regelung des Urheberrechtes« zu erlassen. Dies geschah auch am 11. Juni 1870 in Form eines Reichsgesetzes. Da hierin festgelegt war, daß das »geistige Eigentum nur bis 30 Jahre nach dem Tode des Autors geschützt sei, setzte sich neben dem Deutschen Tonkünstlerverband vor allem der Allgemeine Deutsche Musikverein (ADMV) dafür ein, dieses Gesetz zu ändern. Die Folge davon war, daß in verschiedenen politischen Zeitungen eine Notiz zu lesen war, daß im Herbst 1898 die verbündeten Regierungen beabsichtigten, dem Reichstag einen Gesetzesentwurf vorzulegen, durch den eine Revision des Urhebergesetzes vom 11. Juni 1870 erfolgen solle. Dazu verfaßte Richard Strauß im Juli 1898 ein Rundschreiben, das an ca. 160 deutsche Komponisten verschickt wurde.[101]

Mit Intensität verfolge damals der ADMV, dem ja auch zahlreiche Mitglieder des Deutschen Tonkünstlerverbandes angehörten, die Verbesserung der rechtlichen Situation der zeitgenössischen Komponisten. Eine Denkschrift von dem Komponisten Hans Sommer und Friedrich Rösch wurde niedergelegt. Aus dieser Initiative heraus entwickelte sich die Gründung der »Genossenschaft Deutscher Komponisten« am 30. September 1898 im »kaufmännischen Vereinshaus« zu Leipzig.

Der besagte Gesetzesentwurf 1898 hatte vor allem den Verband der Musikalienhändler veranlaßt, die Gründung einer »Anstalt für musikalisches Aufführungsrecht« und eines »Ausschusses für musikalisches Urheberrecht« in Zusammenarbeit mit dem ADMV zu forcieren. So wichtig diese Einrichtungen waren, so blieben bedauerlicherweise entscheidende Rechtsansprüche der Komponisten unberücksichtigt.

---

[101] vgl. Kaminiarz, Irina: Richard Strauß – Briefe. Weimar 1995, S. 112–127.

Die »Genossenschaft Deutscher Komponisten« konnte sich trotz vieler Querelen und Austritten von namhaften Komponisten wie Max Bruch, Felix Weingartner u.a. weiterentwickeln, während die von Hase initiierte »Anstalt für musikalisches Aufführungsrecht« ihre Tätigkeit einstellte. Nach langwierigen Verhandlungen der »Genossenschaft« mit dem »Verband der Deutschen Musikalienhändler« wurde 1899 gemeinsam die »Anstalt für Wahrnehmung des musikalischen Aufführungsrechts« unter Partizipation des Deutschen Tonkünstlerverbandes gegründet. Ein Schreiben an das Berliner Reichsjustizamt wurde verfaßt. Ziel der wesentlichsten Punkte darin waren der Wegfall des im Gesetz vom 11.6.1870 in § 50 vorgesehenen Vorbehalt des Rechtes an der öffentlichen Aufführung musikalischer Werke sowie die Verlängerung der Schutzfrist musikalischer und dramatisch-musikalischer Werke auf 50 Jahre.

Wenn sich auch die letztgenannte Forderung zu jenem Zeitpunkt noch nicht durchsetzen konnte, so war doch mit der Gründung der »Anstalt zur Wahrnehmung des musikalischen Aufführungsrechtes« ein wesentlicher Schritt zur Rechtssicherheit des Komponisten getan. Die Verlängerung der Urheberrechte wurde erst 1934 (!) gesetzlich geregelt.

Auch im weiteren Verlauf leistete der Deutsche Tonkünstlerverband einen wesentlichen Beitrag in allen Fragen des Musikbereiches, wenn es um die Gestaltung des Urheberrechtes ging. 1954 z.B. verhandelte bereits der Deutsche Tonkünstlerverband über Reformen des Urheberrechts, 1965 wirkte er entscheidend bei der Neugestaltung des Urheberrechtsgesetzes mit, bei allen nachfolgenden Erlassen wurde er stets mit einbezogen und gehört.[102] Alle diese Maßnahmen dienten den Komponisten-Mitgliedern des Verbandes.

Umgekehrt erwirkte der Deutsche Tonkünstlerverband für seine pädagogisch tätigen Mitglieder eine erhebliche Gebührenermäßigung bei Schüler- und Lehrerkonzerten, indem der Deutsche Tonkünstlerverband erstmals 1966 einen Rahmenvertrag mit der GEMA abschloß. Bei der Umstellung der GEMA-Sätze im Jahre 1979 wurde ein neuer Rahmenvertrag ausgehandelt, 1989 erweitert und schließlich in einem neuen Rahmenvertrag zum 1. Januar 1994 noch einmal erweitert. Danach erhalten alle Mitglieder des Deutschen Tonkünstlerverbandes 20% Ermäßigung auf die jeweils geltenden Tarife für

---

[102] vgl. Vetter, Hans-Joachim: Die Tonkünstlerverbände 1844–1984, S. 76 u. 133.

➤ Konzerte der ernsten Musik (Vergütungssätze E)

➤ Konzerte der ernsten Musik, die ausschließlich pädagogischen Zwekken dienen (Vergütungssätze E-P)

➤ Konzerte oder Veranstaltungen mit Unterhaltungs- und Tanzmusik (Vergütungssätze U-VK)

Gerade die Vergütungssätze U-VK bieten den Mitgliedern den Vorteil, daß für Konzerte der reinen U-Musik und für »gemischte« Konzerte eine Abrechnung nach den Vergütungssätzen U-VK erfolgen kann.

Daneben gibt es noch besondere Vergütungssätze für Musikaufführungen bei Festzügen und Umzügen, Musikaufführungen bei Sportveranstaltungen usw.

2.5.2. Gesetzliche Regelungen des Privatmusikunterrichts

Bereits in den frühesten Anfängen des Tonkünstlerverbandes 1848 forderte der damals dem Berliner Vorstand angehörende Universitätsprofessor Bernhard Adolf Marx die staatliche Anerkennung der Privatmusiklehrer sowie eine staatliche Prüfung dieses Berufsstandes.

Bemühungen um eine gesetzliche Regelung dieser Forderung ziehen sich wie ein roter Faden durch die Geschichte des Tonkünstlerverbandes, denen sich auch stets andere Verbände anschlossen.

Geregelt sollte auch die Berufsbezeichnung werden. Nach der Marx'schen Forderung sollte der Titel »Öffentlicher Lehrer für Gesang oder Geige« oder »Öffentlicher Oberlehrer für Klavier« sein. In den letzten Jahrzehnten des 19. Jahrhunderts verstärkten sich die Bemühungen um eine nachhaltige Verbesserung der Privatmusikerzieher. Durch alle Satzungen des Deutschen Tonkünstlerverbandes zieht sich immer wieder die Aufgabenstellung der Bemühungen um die rechtliche Absicherung des Berufsstandes der Musikerzieher, die qualifizierten Musiklehrer sollten geschützt werden gegenüber der Konkurrenz »unlauterer Unfähiger«.[103] Und solange diese Frage nicht von Staats wegen einer Lösung zugeführt war, mußte der Verband zur Selbsthilfe greifen. Er selbst war es, der von seinen Mitgliedern einen Befähigungsnachweis

---

[103] a.a.O. S. 20 f.

forderte, der durch eine »allgemein geregelten Prüfung« erbracht werden mußte. Zu diesem Zweck stellte der Verband eine Prüfungsordnung auf, die von drei Schwierigkeitsgraden ausging – eine Unterrichtsbefähigung für die Unter-, Mittel- und Oberstufe, kulturpolitisch gesehen von großer Tragweite, da auch das Musikschulwesen des 20. Jahrhunderts nach diesen Unterrichtsstufen geregelt ist und auch heute noch verschiedene Lehrbefähigungen danach ausgestellt sind.

Um nach außen hin – Staat und Gesellschaft die Notwendigkeit einer gesetzlichen Regelung zu verdeutlichen – richtete der Verband musikpädagogische Seminare zur vertieften Ausbildung der Musiklehrer ein, meist in Verbindung mit schon bestehenden und neu gegründeten Konservatorien. Lehrergruppen schlossen sich für die Durchsetzung dieser Aufgaben neu zusammen. Eine der wichtigsten Gründungen war der »Allgemeine Deutsche Lehrerinnen-Verein«, innerhalb dessen sich 1897 durch die Initiative von Sophie Henkel und Anna Hesse der »Reichsverband Deutscher Musiklehrerinnen« konstituierte.

Höhepunkt bei diesen frühen Bestrebungen des Deutschen Tonkünstlerverbandes war die Durchführung des 1. Musikpädagogischen Kongresses 1902 in Berlin, wobei Professor Andreas Moser in Vertretung von Joseph Joachim die Preußische Regierung vertrat.

Eine gewisse Befriedigung wurde schließlich durch den vom preußischen Kultusminister am 2. Mai 1925 herausgegebenen »Erlaß über den Privatunterricht in der Musik«[104] erzielt, an dem nicht nur die Musikerzieher in Preußen, sondern auch die aller anderen deutschen Bundesstaaten starken Anteil nahmen.

Dazu kam, daß bereits seit vielen Jahren immer wieder der Ruf laut wurde nach der Schaffung einer »Musikerkammer«, eine Idee, die auch nach 1950 wieder intensivst diskutiert wurde.

Nach 1945 war eine der ersten Tätigkeiten des Verbandes, wieder auf ein Gesetz zum Schutz des Privatmusikunterrichts zu drängen.[105] Nachdem aber durch einen Entscheid des Oberverwaltungsgerichtes in Münster von 1948 festgestellt wurde, daß ein solches Gesetz im Widerspruch

---

[104] Ebel, Arnold: Festliche Tagung in Halle, Festbuch zur Hauptversammlung des RDTM 1926, S. 15 f.
[105] vgl. Protokoll der Präsidiumssitzung in Darmstadt vom 12.6.1954.

zum Grundgesetz und zur Gewerbefreiheit stehen würde, entstanden nur partielle Regelungen in einzelnen Bundesländern, so z.B. als Musterfall in Süd-Baden ein Gesetz zur Regelung des Privatmusikunterrichts. Immerhin war insofern ein Erfolg erzielt worden, daß sich der Kunstausschuß und auch der Schulausschuß der »Ständigen Konferenz der Kultusminister« (KMK) für den Entwurf eines Gesetzes ausgesprochen hatten. Als erster Schritt war damals eine Rahmenprüfungsordnung für eine Staatliche Musiklehrerprüfung vorgesehen, bei der es über Jahrzehnte bleiben sollte.

Selbsthilfe ergriff der Verband auch dadurch, daß er weiterhin den Mitgliedern Berufsberatung und Berufsförderung angedeihen ließ, wie z.B. in der Rechtsberatung bei Unterrichtsverträgen. In der Folgezeit bis heute ist der Deutsche Tonkünstlerverband stets mit eingebunden, wenn es um Ausbildungs- und Prüfungsordnungen im Bereich Musik geht. Diese Maßnahmen waren kulturpolitisch gesehen von so großer Bedeutung, daß eine Zusammenarbeit über die Grenzen der Bundesrepublik hinaus erforderlich wurde mit dem Ziel, durch diese Zusammenarbeit und gegenseitige Anregung der Einheit der abendländischen Kultur zu dienen.

Wesentlicher Initiator von Möglichkeiten dieser nach außen hin wirkenden Musikpolitik war der Deutsche Tonkünstlerverband.

2.6. Übernationales Wirken des Deutschen Tonkünstler-verbandes in der Kulturpolitik

Ein großes Verdienst unter diesem Aspekt sind in der Zeit von 1955 bis 1989 die Pflege der Kontakte und die Bemühungen um die Musik und Musikerziehung in der damaligen DDR durch den Deutschen Tonkünstlerverband zu sehen. So war auf der Delegiertenversammlung im November 1964 ein breiter Raum einer Reihe von Informationen über Musikerziehung und Musikpflege, sowie über neue Musik in der DDR eingeräumt worden. Eine Verstärkung der Kontakte wurde angestrebt. Überlegungen zur Wiederaufnahme der in den fünfziger Jahren begonnenen und nach zwei Versuchen gescheiterten Gesamtdeutschen Musik-feste führten zu ersten Verhandlungen mit dem »Verband Deutscher Komponisten und Musikwissenschaftler« (VDK) in der DDR. Mehrere Besuche des engeren Präsidiums in Ost-Berlin schon 1965 wurden zwar gastfreundlich angenommen, leider aber kam es zu keiner gemeinsamen Aktion: die politischen Spannungen, das Nichtzustandekommen des von der DDR geforderten Kulturabkommens verhinderten jede reale Zu-sammenarbeit, die Mitwirkung am geplanten Musikfest wurde abgesagt, Gegenbesuche fanden nicht statt. So war dieses Projekt vorerst gescheitert. Das hinderte aber nicht, daß Einzelbesuche von Präsidiumsmitgliedern als Gäste des VDK jederzeit willkommen waren. Kontakte blieben so bestehen und den Musikern und Musiklehrkräften wurde stets das Gefühl vermittelt, nicht isoliert zu sein.[106]

Die Einflußnahme des Deutschen Tonkünstlerverbandes über seine Bundesgrenzen hinaus schlug und schlägt auch heute noch weit über die Kulturpolitik hinaus fruchtbare Wurzeln, die nicht nur zu gegenseitigem Musikverständnis führen, sondern wesentlich beitrugen zu einem Völ-kerverständnis, heute dazu beitragen, letztlich sich in Toleranz und Verständnis gegenüber fremden Kulturen in unserer multikulturellen Gesellschaft zu üben.

Drei wesentliche Projekte des Deutschen Tonkünstlerverbandes sollen exemplarisch unter diesem Gesichtspunkt vorgestellt werden.

---

[106] Vetter, Hans-Joachim: Die Tonkünstlerverbände 1844–1984, S. 114 f.

2.6.1. Die Bedeutung des Europianokongresses

Bereits 1964 war eine im »Westen« stattfindende internationale Maß-
nahme in Anriff genommen worden: der »Europianokongreß«, der in
Westberlin vom 25. bis 30. Mai 1965 stattfand. Veranstalter war unter der
Schirmherrschaft des Internationalen Musikrates der UNESCO die
Fördergemeinschaft Klavier e.V. Der Titel des Kongresses war:
»Internationaler Fachkongreß für Klavierinstrumente«.

Neben dem Bund Deutscher Klavierbauer e.V. war der Deutsche Tonkünstlerverband für die Durchführung verantwortlich und mit führenden Musikpädagogen bei den Veranstaltungen beteiligt. Zuständig für
den musikpädagogischen und musikwissenschaftlichen Teil der Veranstaltungen war der VDMK-Geschäftsführer Dr. Eckart Rohlfs.

In einer Fülle von Veranstaltungen, Vorträge, Seminare, Arbeitsgemein-
schaften und Konzerte beinhaltend, wurde erstmalig eine gründliche
Information über die Situation in den verschiedenen Ländern gegeben.
An diesen Veranstaltungen und den zahlreichen Diskussionen waren
Teilnehmer und Dozenten aus etwa 13 Ländern beteiligt: aus Belgien,
der Bundesrepublik, England, Finnland, Frankreich, Italien, Japan,
Niederlande, Polen, Schweden, Schweiz, Ungarn und USA. Wichtige
Informationen und vielseitige Anregungen wurden hier fruchtbar, so
z.B. im Austausch von vorhandenen Lehrplänen; Möglichkeiten gegen-
seitiger Besuche zu vertiefender Information wurden angebahnt.

Eine Folge dieser ersten größeren Fühlungnahme war die Präsenz des
Deutschen Tonkünstlerverbandes beim ISME-Kongreß 1965 in Tokio.
Diese Kongresse finden alle zwei Jahre statt, durchgeführt von der
Internationalen Sektion für Musikerziehung des Internationalen Mu-
sikrates der UNESCO. Hier wurde Prof. Siegfried Borris als Vertreter
des Deutschen Tonkünstlerverbandes wesentlich tätig. In den folgenden
Jahren war bei diesen Kongressen über alle Erdteile verteilt, stets der
Deutsche Tonkünstlerverband maßgeblich vertreten. Über seine Erfah-
rungen in Japan berichtete Borris in dem 1967 durch den Deutschen
Tonkünstlerverband veröffentlichten Buch »Musikleben in Japan«, das
einen gründlichen Bericht über die Gesamtsituation einschließlich der
Musikerziehung und der europäischen Kontakte beinhaltet.

Die Vertretung in der ISME ist seit 1993 durch den Deutschen Tonkünstlerverband verstärkt worden aus der Sicht heraus, daß es auf
internationaler Ebene von überaus großer kulturpolitischer Bedeutung

ist, daß das musikalische Leben der Bundesrepublik eine große Plattform hat.

So war auch der Deutsche Tonkünstlerverband, vertreten durch Prof. Inka Stampfl, 1995 Mitbegründer der EAS, der European Association for Schoolmusic.

2.6.2. Die Deutsch-Österreichisch-Schweizerische Zusammenarbeit

Die Kooperation mit den österreichischen und schweizerischen Musikpädagogischen Verbänden nahm der Deutsche Tonkünstlerverband zu Beginn der 60er Jahre auf. 1961 wurde über Kontakte berichtet, die vom Präsidium mit den österreichischen und schweizerischen Kollegen geknüpft worden waren.[107] 1962 sollte ein Treffen stattfinden, bei dem die Möglichkeiten einer engeren Zusammenarbeit zwischen den musikpädagogischen Verbänden der drei deutschsprachigen Länder eruiert werden sollten.

1967 griff Prof. Siegfried Borris den Gedanken der Zusammenarbeit mit den musikpädagogischen Verbänden der beiden deutschsprachigen Länder wieder auf, wobei es zu einem ersten Zusammentreffen im Mai 1968 in München kam.[108] Von deutscher Seite waren damals die drei VDMK-Präsidenten und Dr. Rohlfs vertreten, von österreichischer Seite partizipierte der Präsident der »Arbeitsgemeinschaft der Musikerzieher Österreichs (AGMÖ)« Prof. Dr. Hans Sittner und von der Schweizer Seite der Zentralpräsident des »Schweizerischen Musikpädagogischen Verbandes (SMPV)« Werner Bloch sowie sein Mitarbeiter Klaus Wolters.[109] Nachdem diese Gespräche sehr erfolgreich verlaufen waren, faßte man den Beschluß, diese Zusammenkünfte der drei Länder in einer noch zu planenden Form jährlich zu wiederholen. Im Februar 1969 fand eine zweite Sitzung desselben Personenkreises in Wien statt[110] und eine dritte

---

[107] vgl. hierzu sowie zum folgenden Protokoll der Präsidiumssitzung des VDTM vom 17.09.1961 in Mainau.

[108] vgl. Protokoll der Delegiertenversammlung des VDMK vom 07.07.1967 in München.

[109] vgl. Protokoll der Delegiertenversammlung des VDMK vom 12./13.10.1968 in Krefeld.

[110] vgl. Protokoll der Delegiertenversammlung des VDMK vom 11./12.10.1969 in Soest.

114

im Februar 1970 in Winterthur[111]. Auf diesen drei Sitzungen entstand nach vielfältigen Überlegungen eine Grundkonzeption für größere Dreiländer-Tagungen, die dann auch in der Folgezeit mit alljährlich wechselnden Themen zur Ausführung kamen. Das Jahr 1971 sparte man aber für die Planung aus, da der SPMV bereits für den April in Schaffhausen einen musikpädagogischen Kongreß mit der Thematik »Musikerziehung während der Pubertätszeit« angesetzt hatte. Der Erfolg dieses Kongresses bestärkte VDMK, AGMÖ und SMPV zur endgültigen Realisierung von musikpädagogischen Dreiländertagungen.[112] Künftig sollte jedes Jahr in einem der drei Länder eine gemeinsame musikpädagogische Tagung der drei Verbände stattfinden, bei der ein aktuelles Thema zur Musikpädagogik von Referenten der beteiligten Länder mit Vorträgen, Lehrveranstaltungen, Workshops und Diskussionen behandelt wird. Teilnehmer sollten Experten des jeweiligen Themas sein sowie die Präsidenten der drei Verbände. Das Ergebnis der Tagungen wurde jeweils in einer Broschüre veröffentlicht, die allen Interessierten zur Verfügung stehen sollte. Der Deutsche Tonkünstlerverband hat bis heute diese Form der sogenannten »D-A-CH-Tagungen« fortgeführt, wie aus der tabellarischen Aufstellung ersichtlich wird:[113]

1972	München	»Aktualisierung des Instrumentalunterrichts I»
1973	Graz	»Aktualisierung des Instrumentalunterrichts II«
1974	Bigorio/Lugano	»Gesangsausbildung und Sprecherziehung«
1975	Trossingen	»Das Klavier als Pflichtinstrument
1976	Gmunden	»Musikalische Grundschulung an Ausbildungsstätten für Musikberufe«
1977	Rohrschach	»Psychologie und Musikerziehung«
1978	Trossingen	»Neue Musik für Jugendliche und Laien«

[111] vgl. Protokoll der Delegiertenversammlung des VDMK vom 13.–15.05.1970 in Würzburg und vgl. Protokoll der Präsidiumssitzung des VDMK vom 14./15.05.1971 in Hannover.

[112] vgl. hierzu sowie zum folgenden Vetter, Hans-Joachim: Die Tonkünstlerverbände 1844–1984. S. 126.

[113] Deutsch-Österreichisch-Schweizerische Studientagung. Vgl. zu den folgenden Tagungen auch die entsprechenden Protokolle der Delegiertenversammlungen der Jahre 1972–1997.

1979 Zell a. d. Pram   »Ästhetische Erziehung im Vokal- und Instru-
                               mentalunterricht«

1980 Delémont   »Die Verwendung technischer Medien im
                               Instrumentalunterricht«

1981 Hammelburg   »Ist Üben lehrbar?«

1982 Bregenz/Lochau   »Angst beim Musizieren«

1983 Luzern   »Ist Lehren lehrbar?«

1984 Marktoberdorf   »Musikerziehung und Laienmusik;
                               Verpflichtungen und Erwartungen«

1985 Gmunden   »Musik – eine Droge?«

1986 Blonay   »Musikpädagogik in der Erwachsenenbildung«

1987 Regensburg   »Hören – Horchen – Verstehen«

1988 Golling   »Musikerziehung im Zeitalter der Elektronik«

1989 Solothurn   »Ist Allgemeinbildung im Musikerberuf
                               unverzichtbar?«

1990 Passau   »Musik und Körper«

1991 Zeillern   »Musikalische Leistung und Möglichkeiten ihrer
                               Beurteilung«

1992 Tramelan   »Das Berufsbild des Musikpädagogen in der
                               europäischen Zukunft«

1994 Aldersbach   »Musik und Spiel«

1955 St. Georgen   »Musik und Aggression«
       am Längsee

1996 Luzern   »Musikalische Hochbegabungen«

1997 Regensburg   »Musik und Neue Medien – Neue Medien
                               und Musik«

1998 Bregenz   »Musik und Wirtschaft«

Die D-A-CH-Tagungen sind seit 1994 der Allgemeinheit geöffnet und
haben damit über den »Expertenkreis« hinaus in der Öffentlichkeit an
kulturpolitische Bedeutung gewonnen.

2.6.3. Der erste europäische Kongreß musikpädagogischer Forschung

Vom 2. bis 5. März 1995 lud der Deutsche Tonkünstlerverband in Zusammenarbeit mit der Universität Passau und der »Musica Activa Pataviensis«, das Forum für Neue Musik des Passauer Tonkünstlerverbandes, zum ersten Kongreß der Musikpädagogen europäischer Universitäten und Hochschulen ein.[114] Ziel dieses Kongresses war es, »Strömungen, Tendenzen, Innovationen innerhalb der musikpädagogischen Forschung« – so auch der Arbeitstitel – zu diskutieren und die Position und Akzeptanz der Musikpädagogik als eigenständige wissenschaftliche Disziplin innerhalb der Wissenschaftslandschaft der einzelnen Länder zu definieren. Referenten aus über zwanzig europäischen Ländern stellten hierbei die musikpädagogische Forschung ihres Landes bzw. ihrer Hochschule vor. Um einen weiteren Gedankenaustausch der einzelnen Länder zu beleben, wurde angeregt, eine zentrale Anlaufstelle »European Research in Music Education« ERME einzurichten.

Neben den wissenschaftlichen Vorträgen war es vor allem auch der Gedankenaustausch in musikalischer Hinsicht, der viele neue Gesichtspunkte eröffnete, zum gegenseitigen Kulturverständnis aber auch politischem Verständnis beitrug. Gerade hierin zeigte sich die kulturpolitische Bedeutung einer derartigen übernationalen Veranstaltung, die über die Musik politische Bedeutung erlangt.

Vertreten waren folgende Länder: Deutschland, Österreich, Italien, Schweiz, England, Schottland, Belgien, Niederlande, Tschechische Republik, Slowakei, Kroatien, Estland, Rumänien, Bulgarien, Polen, Portugal, Norwegen, Schweden, Luxemburg, Ungarn, Slowenien, Griechenland, Türkei.

---

[114] vgl. hierzu sowie zum folgenden Frey-Samlowski, Ruth-Iris: Musikpädagogische Forschung in Europa – Über eine Bestandsaufnahme beim Ersten Kongreß in Passau. In: Neue Musikzeitung. 44 (1995) 4. S. 43.

2.7. Interdisziplinäre Projekte von gesamtdeutscher Bedeutung

Unter diesem Titel sind Projekte zu verstehen, die einen Großteil oder auch alle Politikfelder auf Bundesebene umfassen und nicht direkt einem Politikfeld zugeschrieben werden können. Darunter fallen Dokumentationen, Veröffentlichungen, Zusammenarbeit mit den Rundfunkanstalten, generell Projekte, die in einem wirtschaftlichen, politischen und kulturellen Geflecht miteinander verbunden sind.

Exemplarisch soll hier das »Manuskriptearchiv« des Deutschen Tonkünstlerverbandes genannt sein.

Es wurde 1980 für seine Mitglieder eingerichtet und ist einerseits für die Berufssparte der Komponisten als eine Serviceleistung zu sehen, daneben aber auch Hilfestellung für alle Musikerzieher, die sich mit zeitgenössischen Kompositionen auseinandersetzen. Im Archiv finden auch Autoren musikpädagogischer Literatur Berücksichtigung.

Die Aufgabenstellung ist, noch nicht verlegte Werke zeitgenössischer Komponisten – durch namhafte Gutachter empfohlen – zu erfassen und diese interessierten Interpreten und Musikpädagogen gegen eine geringe Gebühr zur Verfügung zu stellen. Von besonders häufig ausgeliehenen und aufgeführten Werken fertigt der Deutsche Tonkünstlerverband einen Notensatz an und informiert einschlägige Musikverlage, wobei ein Katalog eine wertvolle Hilfe darstellt, der nun in seiner 6. Auflage vorliegt. Besonders geeignete Werke für den Wettbewerb »Jugend musiziert« werden regelmäßig in der Neuen Musikzeitung vorgestellt. Ebenso erscheinen in loser Folge »Komponisten-Portraits« in der Neuen Musikzeitung. CDs, die einen Einblick in die Vielfalt der Kompositionen geben, wurden vom Deutschen Tonkünstlerverband 1994 und 1996 herausgebracht.

Im Katalog des Manuskriptearchivs sind ca. 1.400 Werke, nach Besetzungen geordnet, enthalten. Bei jedem Werk sind Entstehungsjahr, Dauer und Schwierigkeit (1 bis 6 steigend) angegeben. Ist ein Werk bereits auf Tonträger eingespielt, so ist dieser ebenfalls angegeben, wobei die Bezugsquelle der Tonträger über den Deutschen Tonkünstlerverband erfragt werden kann. Auch wenn Interpreten den Kontakt mit dem Komponisten wünschen, vermittelt dies der Deutsche Tonkünstlerverband.

Ein Kriterium ist, daß alle im Katalog enthaltenen Werke mit traditionellen Instrumenten, auch von Laien, aufführbar sind.

Die Bedeutung dieses Projektes ist vielfältig. Auf der wirtschaftlichen Seite kurbelt es Konzerte mit zeitgenössischer Musik an. Die sozialpolitische Seite ist in der Förderung des Komponisten zu sehen. Darüber hinaus verhilft dieses Projekt dem Ansehen und der Kenntnis zeitgenössischer deutscher Musik, nicht nur im Inland, sondern auch im Ausland. Das bezeugen Bestellungen von Notenmaterial aus ganz Europa.

Angeschlossen an dieses Archiv wurde 1996 ein sogenanntes Nachlaßarchiv für Gesamtnachlässe verstorbenen Mitglieder.

3. DIE VERÖFFENTLICHUNGEN DES DEUT-SCHEN TONKÜNSTLERVERBANDES

Der Deutsche Tonkünstlerverband kann eine stattliche Anzahl von Veröffentlichungen aller Art präsentieren, angefangen von Denkschriften und Resolutionen bis hin zu Tonträgern. Bedauerlicherweise sind die Quellen über die Publikationen aus dem vorigen Jahrhundert zum Teil durch politische und Kriegswirren vernichtet oder einfach noch nicht aufgefunden worden.

In der nachfolgenden Übersicht wurde – so weit möglich – zum besseren Verständnis auch auf den Inhalt der Publikationen eingegangen.

3.1. Regelmäßig erscheinende Organe des Deutschen Tonkünstlerverbandes

Darunter fallen Zeitschriften oder Beilagen zu Zeitschriften, in denen der Tonkünstlerverband regelmäßig seine Mitglieder informiert:

1844–1872	»Das Echo« – Berliner Tonkünstlerverein
ab 1844	»Gaillardsche Musikzeitung«
ab 1844	»Neue Zeitschrift für Musik« (Leipzig)
ab 1847	»Neue Berliner Musikzeitung« (Berlin)
1874–1878	»Harmonie« Verband Deutscher Tonkünstlervereine
ab 1878	»Neue Berliner Musikzeitung« (Berlin)
	»Tonkunst« (München)
ab 1889	»Der Klavierlehrer«
1902–33	»Deutsche Tonkünstlerzeitung« (Berlin/Leipzig)

1844–1933	Artikel in
	»Euterpe« (Erfurt)
	»Signale« (Leipzig)

1933–1945	Artikel in
	»Nachrichtendienst« der Fachschaft Musikerziehung in der Reichsmusikkammer (Berlin)
1947–1968	»Musik im Unterricht« (Mainz)
1968	»Musik und Bildung« (Mainz)
seit 1969	»Neue Musikzeitung« (Regensburg)

	außerdem Artikel in
1956–1964	»Musikalische Zeitfragen« (Kassel)
seit 1988	»Musikforum« (Mainz)

3.2. Publikationen von Schriften

1866: Mendel, Hermann: Biographie Otto Nicolai, Berlin 1866

1894: Alsleben, Julius von: Festschrift zum 50-jährigen Bestehen des Berliner Tonkünstlervereins, Berlin 1894

1919: Schünemann, Georg: Festschrift zum 75-jährigen Bestehen des Berliner Tonkünstlervereins, Berlin 1919

1926: Festbuch zur Hauptversammlung, Halle/Saale 1926

Broschüren und Dokumentationen

Musikberuf – Berufsverband – Kulturpolitik
Der Deutsche Tonkünstlerverband (1997)

Deutsches Musikfestival – 150 Jahre Deutscher Tonkünstlerverband – Programmbuch (1997)

Sampler contra Saite – Der Mensch im Spannungsfeld von Elektronik und musikalischer Bedeutung (1997)

Die Hofer Symphoniker (1996)

Musik und Spiel – Musikpädagogik-Musiktheater-Improvisation (1995)

Die Besteuerung der Tonkünstler und Musiklehrer (1993)

Das Berufsbild des Musikpädagogen in der europäischen Zukunft (1992)

Musizieren daheim – zur Rechtslage (1991)

Zur Lerntechnik im Bereich des instrumentalen Spiels (1991)

Musik und Körper – Spielhaltungen und Spielbewegungen (1990)

Ist Allgemeinbildung im Musikerberuf unverzichtbar? (1989)

Hören – Horchen – Verstehen (1987)

Die Tonkünstlerverbände 1844–1984 (1984)

Aktualisierung des instrumentalen Unterrichts für Bläser (1975)

3.2.1. Dokumentationen der Deutsch-Österreichisch-Schweizerischen Studientagungen (D-A-CH-Tagung)

Aktualisierung des instrumentalen Unterrichts für Bläser – Oboe, Klarinette, Fagott, Horn, Trompete, Posaune

Tagungsbericht über die D-A-CH-Tagung vom 30. März bis 1. April 1973 in Graz, hrsg. von der Arbeitsgemeinschaft der Musikerzieher Österreichs, 80 S.

Die Spannweite der Berichte reicht von der Darstellung neuer Klangbilder und Klangkonzeptionen der modernen Musik, über spieltechnische und mechanische Neuerungen bei einzelnen Instrumenten, hin bis zur Schilderung von Kompositionserfahrungen bezüglich neuer Bläsermusik. Des weiteren werden neue Ansätze des Instrumentalunterrichts diskutiert. Ein Beitrag, der die Musikwissenschaft zur Aufarbeitung der historischen Entwicklung der Blasmusik aufrufen möchte, rundet die Vortragsreihe ab.

Gesangsausbildung und Sprecherziehung

Dokumentation über die D-A-CH-Tagung vom 27. April bis 1. Mai 1974 in Bigorio/Tessin, hrsg. von Hans-Joachim Vetter, Regensburg 1980, 100 S.

Mediziner, Physiologen, Sprecherzieher, Gesangspädaogen und Musiker behandeln Grundfragen vieler noch ungelöster Probleme der Stimmbildung, Sprecherziehung, Atem- und Gesangstechnik. – Erfahrungen und Anregungen für ein brisantes Thema, gleichwertig für alle, die pädagogisch und künstlerisch tätig sind.

Das Klavier als Pflichtinstrument

Dokumentation über die D-A-CH-Tagung vom 1. bis 4. Mai 1975 in Trossingen, hrsg. von Prof. Dr. Werner Müller-Bech, Prof. Hans-Joachim Vetter, Regensburg 1977, 104 S.

Inhalte, Anforderungen und Unterrichtsformen beim Studieren des Klaviers als Pflichtfach für Dirigent, Kirchenmusiker, Schulmusiker, Musikerzieher, Instrumentalist, Sänger, Theoretiker, Komponist. Improvisation, Vom-Blatt-Spiel und Gruppenunterricht am Klavier – Erfahrungen, Vorstellungen und Empfehlungen für Praxis und Studium, Neuüberlegungen für Ausbildungsgänge.

Musikalische Grundschulung an Ausbildungsstätten für Musikberufe

Dokumentation über die D-A-CH-Tagung vom 14. bis 16. Mai 1976 in Gmunden/Oberösterreich, hrsg. von Josef Mayr-Kern, Regensburg 1978, 109 S.

Gehörbildung und Musiklehre an Ausbildungsstätten und im Problemfeld der musikerzieherischen Praxis an Musikschule, allgemeinbildender

Schule und beim selbständigen Musikerzieher. – Intensivierung der Grundschulung, verbesserte Eingangsvoraussetzungen für den Instrumentalunterricht, Gehörbildung im gesamten musikalischen Ausbildungsgang und in der Fortbildung. Übungsprogramme für Musikstudierende, Mindestanforderungen in den Lehrplänen der schulischen und außerschulischen Musikerziehung als Ergebnisse zahlreicher Fachbeiträge.

Neue Musik für Jugendliche und Laien

Dokumentation über die D-A-CH-Tagung vom 27. April bis 1. Mai 1978 in der Bundesakademie für musikalische Jugendbildung in Trossingen, hrsg. von Prof. Dr. Werner Müller-Bech und Prof. Hans-Joachim Vetter, Regensburg 1980, 97 S.

Ästhetische Erziehung im Vokal- und Instrumental-Unterricht. Ziele und Wege.

Dokumentation über die D-A-CH-Tagung vom 27. bis 30. April 1979 in Schloß Zell a.d. Pram/Oberösterreich, hrsg. von Josef Mayr-Kern, Regensburg 1980, 78 S.
Rolle und Bedeutung einer ästhetischen Erziehung, Annäherung an die Kriterien von Ästhetik, Versuch der Erstellung von Wertmaßstäben für musikalische Kunstwerke. Ausgehend von der Feststellung, daß heutige Bildungssysteme zu intellektuell ausgerichtet sind und damit zu einer unausgeglichenen Persönlichkeitsentwicklung führen können, wird die Notwendigkeit einer ästhetischen Erziehung besonders im Musikbereich betont. Besondere Bedeutung kommt dabei dem Hören als musikalisches Phänomen zu. Da bei allen Wahrnehmungsvorgängen rationales Denken mit gefühlsmäßigem Empfinden gekoppelt wird, sollte der Schwerpunkt des Lehrens auf der emotionalen Seite liegen. Ziel ästhetischer Erziehung ist die Bildung eines künstlerischen Geschmacks, um ästhetische Urteile fällen zu können. Konkrete Vorschläge zur ästhetischen Erziehung im schulischen Bereich werden durch praktische Beispiele aus Kompositions- und Instrumentalunterricht ergänzt.

Ist Üben lehrbar?

Dokumentation über die D-A-CH-Tagung vom 30. April bis 3. Mai 1981 in der Musikakademie Hammelburg, hrsg. vom VDMK, München 1982, 61 S.
Psychomotorische Gegebenheiten, lernpsychologische Aspekte des Übens, Übemethoden. Die Zusammenstellung von Referaten zum Thema »Ist Üben lehrbar?« bringt Licht in den Ablauf komplexer Übeprozesse, wobei anatomische, (z.B. körperliche Beschaffenheit, Körperhaltung), psychische (Arbeitsmethodik) und musikalische (musikalische Kreativität) Voraussetzungen erläutert werden. Ziel des Übens ist die Optimierung der Lern- und Übevorgänge – Körper und Geist sind also gleichermaßen gefordert. Die Analyse der Hauptmerkmale von Übungsprozessen,

Übegrundsätzen und Erfolgsparametern führt zu verschiedenen Vorschlägen eines rationellen, effektiveren Übens. Die theoretischen Erkenntnisse unterliegen einer Studie vom Konservatorium für Musik in Basel mit praktischen Erhebungen zu Struktur und Infrastruktur des Übens.

Angst beim Musizieren

Tagungsbericht über die 14. D-A-CH-Tagung vom 29. April bis 2. Mai 1982 in Lochau am Bodensee, hrsg. von der Arbeitsgemeinschaft der Musikerzieher Österreichs, Eisenstadt 1983, 96 S.

Publikumsangst, Lampenfieber, Selbstunsicherheit – Facetten der Angst, wie sie beim Musikausüben auftreten können. Die Beiträge beschäftigen sich mit den verschiedenen Erscheinungsformen der Angst, ihre Ursprünge und Folgen, sowie Möglichkeiten der Angstbewältigung. Zahlreiche Erfahrungsberichte aus der musikalischen Praxis illustrieren den Themenbereich sowohl hinsichtlich des Musikunterrichts aus Sicht des Lehrers und des Schülers als auch bezüglich der Angst vor dem öffentlichen Auftreten bei konzertierenden Künstlern. Das vielschichtige Syndrom Angst wird so in seinem Wirkungsbild phänomenologisch erfaßt und erläutert, um eine bewußtere, selbstkritische Begegnung mit den Gefahren, die in der Angst beim Musizieren liegen, zu ermöglichen.

Ist Lehren lehrbar?

Tagungsbericht über die 15. D-A-CH-Tagung vom 28. April bis 1. Mai 1983 in Luzern, hrsg. vom Schweizerischen Musikpädagogischen Verband, Bern 1983, 72 S.

Ist Lehren lehrbar? Teils bejaht, teils verneint kann diese Frage nicht eindeutig beantworten werden. Die Beiträge erstrecken sich über die theoretische Begriffsbestimmung des Lehrens und Lernens, über die Analyse der Funktionsbereiche des Lehrers innerhalb des gesamten Unterrichtsphänomens, bis zu konkreten Schilderungen der Ausbildungssituation von Musiklehrern und ihre Problematik in Deutschland, Österreich und der Schweiz. Erfahrungsberichte angehender Musikerzieher und die Beleuchtung des Stellenwertes der Musikerziehung im Bildungssystem führen zu Reformvorschlägen für die Ausbildungsstätten, wobei insbesondere das Unverhältnis zwischen wissenschaftlicher Pädagogik und Schulmusik angeprangert wird. Lösungsversuche stellen außerdem die Bedeutung der Selbsterfahrung, sowie der Entwicklung einer ausgewogenen Persönlichkeit für das Unterrichten heraus.

Musik – eine Droge? Grenzen psychologischer Belastbarkeit bei Jugendlichen
Tagungsbericht über die 17. D-A-CH-Tagung im Mai 1985 in Gmunden/Österreich, hrsg. von der Arbeitsgemeinschaft der Musikerzieher Österreichs, Eisenstadt 1986, 115 S.
Unter den Schlagworten Reizüberflutung und Dauerberieselung diskutieren Pädagogen, Psychologen, Soziologen und ein Mediziner darüber, ob Musik als eine Droge angesehen werden kann. Im Mittelpunkt des Interesses stehen dabei die Jugendlichen, müssen sie sich doch in einer zunehmend unübersichtlichen Medienwelt zurechtfinden. So wird die Rolle der Musik in der Lebenswelt Jugendlicher, ihre psychische und soziale Funktion, sowie der Mißbrauch von Musik als Ausdruck seelischer Fehlentwicklung bei Jugendlichen erläutert. Fehlen dürfen hierbei natürlich nicht Forderungen und Vorschläge an die Musikpädagogik bzw. die Musikpsychologie. Von ihnen wird die Vermittlung eines verantwortungsbewußten Umgangs mit Musik bzw. die Erforschung der Musikverträglichkeit des Menschen gefordert.

Musikerziehung in der Erwachsenenbildung
Tagungsbericht über die 18. D-A-CH-Tagung vom 1. bis 4. Mai 1986 in Blonay/VD, hrsg. vom Schweizerischen Musikpädagogischen Verband, Luzern 1986, 100 S.
Der Unterricht eines Erwachsenen stellt andere pädagogische, methodische und rezeptive Anforderungen an den Lehrer als bei Kindern und Jugendlichen. Aufgrund von Modellen zur Wahrnehmungsverarbeitung werden die Lernprozesse beim erwachsenen Menschen verdeutlicht. Schwierigkeiten mit erwachsenentypischen Problemen, wie z.B. dem Leistungsdenken, fehlende Unbeschwertheit und Ungeduld werden ebenso behandelt wie die besondere Situation des Lehrer-Schüler-Verhältnisses. Vielseitige Lösungsvorschläge, wie etwa die Theorie der Schlaffhorst-Andersen-Schule geben mögliche Wege der Problembewältigung vor. Daneben werden die Möglichkeiten eines Beitrags der allgemeinbildenden Schulen und Volkshochschulen zur Erwachsenenbildung abgesteckt.

Hören – Horchen – Verstehen
Dokumentation über die D-A-CH-Tagung vom 30. April bis 3. Mai 1987, hrsg. von Klaus Obermayer, 79 S.
Musik kann zur Wiederentdeckung des eigenen Inneren beitragen. So könnte man den Tenor der elf Beiträge zum Thema Hören-Horchen-Verstehen umschreiben. Insgesamt beschäftigten sich die Referenten jedoch weniger mit den pädagogischen Aspekten bezüglich der musi-

kalischen Gehörbildung als Unterrichtsfach, sondern mehr mit dem Hintergrund des Themas, der Kommunikation durch Musik. Dabei wurde übereinstimmend festgestellt, daß dem Hörer von heute das echte, verstehende Hören durch die permanente Musikberieselung abhanden gekommen sei. Selbst dem Musiker fehle oft die Fähigkeit, sich selbst zuhörend zu erleben, vielmehr reproduziere er seinen Part automatisch. Somit komme der Musikpädagogik, ausgehend von der Feststellung Alphons Silbermanns, daß die Musik eine direkte und eine indirekte Erziehungsfunktion ausübe, der Auftrag zu, den Menschen zu einem hörenden und horchenden Menschen zu machen, denn nur der Hörende kann auch ein verstehender und damit friedlicher Mensch sein.

Die Musikerziehung im Zeitalter der Elektronik
Tagungsbericht über die 20. D-A-CH-Tagung im April/Mai 1988 in Golling, Salzburg, hrsg. von der Arbeitsgemeinschaft der Musikerzieher Österreichs, Wien 1989, 123 S.
Die Elektronik hält in alle Bereiche des Lebens Einzug, auch die Musik ist davon berührt. Experten aus den Bereichen Musikwissenschaft, Musikpädagogik, Komposition, Soziologie und Medizin sprechen über die Chancen und Probleme elektronischer Musik. Neben durchweg positiv eingestellten Beiträgen etwa zur möglichen Anwendung des Computers in der Musik und Musikerziehung, Erklärungen zur Notation und Komposition mit dem Computer oder zur technischen Funktionsweise von Musikprogrammen, finden sich auch kritische Stimmen. Sie warnen vor allem vor der Gefährdung der Musik durch den Computer und weisen auf die Veränderungen des Hörens durch elektronische Musik hin.

Ist Allgemeinbildung im Musikerberuf unverzichtbar?
Dokumentation der 21. D-A-CH-Tagung vom 28. April bis 1. Mai 1989 in Solothurn, hrsg. vom Schweizerischen Musikpädagogischen Verband, 100 S.
Alle Beiträge stellen übereinstimmend fest, daß eine wichtige Wechselbeziehung zwischen Musik und Allgemeinbildung besteht, daß eine gute Allgemeinbildung auch für den Musiker unabdingbar ist. Dies resultiere dabei nicht nur aus dem Umstand, daß die Tätigkeit von Musikern selbst schon eine mit Seele und Vitalität verbundene Art des Denkens erfordere, sondern auch aus den sich ändernden Anforderungen der Gesellschaft an den kommunizierenden Menschen: Persönlichkeit ist demnach wieder gefragt. Zur Überwindung des begrenzten Musikspezialistentums werden verschiedene Modelle vorgeschlagen. Beispielsweise die Einrichtung von Musikgymnasien, fächerübergreifender Unterricht an Grundschulen oder die Übertragung des allgemeinwissenschaftlichen Wahlpflichtfaches der Fachhochschulen auf die Musikhochschulen.

Musik und Körper. Spielhaltungen und Spielbewegungen.
Dokumentation über die D-A-CH-Tagung vom 28. April bis 1. Mai 1990 in Passau, hrsg. von Klaus Obermayer, 98 S.
In Referaten von zwölf praktizierenden Musikern werden verschiedene Aspekte des Zusammenspiels von Musik und Körper behandelt. Schwerpunkt ist dabei die Problematik bezüglich der Haltung und Bewegung beim Musizieren, die auch aus medizinischer Sicht dargelegt wird. Weitere zentrale Punkte bilden die Atempädagogik, Atmung und Artikulation, sowie das Ohr und seine Hörqualität.

Das Berufsbild des Musikpädagogen in der europäischen Zukunft.
Tagungsbericht über die D-A-CH-Tagung vom 30. April bis 3. Mai 1992 in Tramelan, hrsg. vom Schweizerischen Musikpädagogischen Verband, 110 S.
In neun Referaten wird die europäische Zukunft der Musik und Musikerziehung aus unterschiedlichsten Blickwinkeln beleuchtet. Die Frage nach dem Stellenwert der Musikerziehung wird ebenso diskutiert wie das Verhältnis von traditioneller Musikkultur zur elektronischen Musik oder die therapeutischen Aspekte der Musikpädagogik. Von der Musikhochschule des 21. Jahrhunderts werden breiter gefächerte, europäisch orientierte Ausbildungsprogramme gefordert, für Grund- und Hauptschulen wurden verschiedene Modelle für einen erweiterten Musikunterricht entwickelt. Zwei Beiträge beziehen sich ausdrücklich auf die europäische Einigung und ihre Chancen und Gefahren für die Musikerziehung. Gleichzeitig wird die Musikerziehung in anderen europäischen Ländern vorgestellt.

Musik und Spiel. Musikpädagogik – Musiktheater – Improvisation.
Dokumentation über die D-A-CH-Tagung vom 24. bis 27. Februar 1994 in Aldersbach, hrsg. von Prof. Dr. Inka Stampfl, München 1995, 98 S.
Praktizierende Musiker, Musikwissenschaftler und -pädagogen diskutieren verschiedenste Aspekte des Bereichs »Musik und Spiel«. Die Bedeutung des Spiels für den Musikunterricht und für das soziale Lernen steht dabei ebenso im Mittelpunkt wie Anregungen zur Bewahrung des Elementar-Musikalischen bei Kindern. Kritische Töne fehlen bei der Betrachtung des Verhältnisses von Spiel und Pädagogik nicht. Zwei weitere Themenschwerpunkte bilden die Bereiche Improvisation und Musical, darüber hinaus beschäftigte man sich mit außereuropäischer Musik, vor allem in Verbindung mit Rhythmik und Perkussion.

3.2.2. Sonstige Veröffentlichungen

a) **II. Allgemeines Deutsches Musikfest. Tage der Neuen Musik. Hannover 1970**
   Grußworte, Programme, Komponistenportraits, Werkkommentare, hrsg. vom VDMK, Regensburg 1970, 127 S.

b) **III. Allgemeines Deutsches Musikfest. Stuttgart und Sindelfingen 1974**
   Komponisten in der Bundesrepublik Deutschland, hrsg. vom Verband Deutscher Musikerzieher und konzertierender Künstler e.V., 94 S.

c) **Allgemeines Deutsches Musikfest. München 1978**
   Bericht, Presse, Referate, »Komposition unserer Zeit«, hrsg. vom Verband Deutscher Musikerzieher und konzertierender Künstler e.V., Regensburg 1967, 104 S.

Das Allgemeine Deutsche Musikfest stellt eine bedeutende Möglichkeit zur Repräsentation für lebende deutsche Komponisten dar. Drei Kataloge berichten über dieses Ereignis in den Jahren 1967, 1970, 1974 und 1978. Sie enthalten neben den Konzertprogrammen, Grußworten und Künstlerportraits auch Anmerkungen zum Ziel und Sinn des Musikfestes. Der Bericht über das Jahr 1967 gibt zudem statistische Materialien und Referate sowie Podiumsgespräche wieder.

Berufliche Rechtsfragen für Tonkünstler und Musiklehrer
von Dr. jur. Eberhard Strom, hrsg. vom Landesverband Baden-Württemberg, Stuttgart 1973, 29 S.
Ein prägnanter Rechtsleitfaden, der Fragen über den Unterrichtsvertrag, Haftung bei Schadensfällen und der Instrumenten- und Notenleihe klärt. Schwerpunkt ist jedoch das Miet- und Nachbarschaftsrecht. Hier werden dem Musiker Beschränkungen der Musikausübung und die rechtlichen Konsequenzen etwaiger Verstöße, aber auch Möglichkeiten des Schutzes für den Musizierenden nahegebracht. Daneben finden das Urheberrecht und die Ausgestaltung eines Chorleitervertrages Erwähnung. Im Anhang sind Musterexemplare verschiedener musikerrelevanter Verträge abgedruckt.

Pflichtbeiträge und Renten in der Angestellten-Versicherung für selbständige Tonkünstler und Musiklehrer
von Dipl.-Math. Claus-Jürgen Beyl, hrsg. vom Landesverband Baden-Württemberg, Stuttgart 1974, 20 S.
Eine Zusammenstellung von für Musiker relevanten Beiträgen, Leistungen und anrechnungsfähigen Versicherungszeiten. Neben Grundsätzlichem zur Versicherungspflicht, wie z.B. die Höhe und Entrichtung der Pflichtbeiträge oder die Befreiung bei geringfügigem Einkommen, wer-

den beanspruchbare Leistungen aus der Rentenversicherung erläutert. Darunter fallen beispielsweise die Altersrente, Berufsunfähigkeitsrente oder der Kinderzuschuß. Wertvolle Informationen für die Ermittlung der Rentenhöhe geben Erklärungen zu Beitrags-, Ersatz-, Ausfall- und Zurechnungszeiten. Eine Zusammenfassung ermöglicht ein schnelles Erfassen der Rechtslage. Leider veraltet!

Der Instrumentallehrer und seine berufsständische Position innerhalb unserer Gesellschaft.

von Prof. Dr. Siegfried Borris, hrsg. vom VDMK-Landesverband Niedersachsen, Hannover 1975, 19 S.

Ausgehend von einer Situationsanalyse der ideellen, sozialen und politischen Position des Instrumentallehrers als Berufsstand wird der Strukturwandel in der Musikerziehung beleuchtet. Dabei werden Veränderungen in Bereichen wie z.B. der Arbeitsweise von Musikpädagogen, deren Berufsstruktur oder ihr gesellschaftliches Umfeld untersucht. Fazit ist, daß sich der Instrumentallehrer in einer veränderten musikalischen Umwelt zurechtfinden muß, gleichzeitig aber gute Aussichten auf eine positive Entwicklung seines Berufsstandes in der Gesellschaft hat.

Die Tonkünstlerverbände 1844 – 1984

von Hans-Joachim Vetter, hrsg. vom Verband Deutscher Musikerzieher und konzertierender Künstler e.V., Regensburg 1984, 165 S.

Mit zahlreichen Originaltexten und Darstellungen bietet diese Arbeit einen ersten Überblick über die Entwicklung der Tonkünstlerverbände seit 1844.

Musizieren daheim

von Hermann-Josef Ruthmann und Dr. jur. Eginhard Blank, hrsg. vom Deutschen Tonkünstlerverband e.V., 1991.

Welche rechtlichen Konsequenzen das Musizieren daheim haben kann, ist oft nicht genügend bekannt. Diese Broschüre enthält Richtlinien, Gesetze und richterliche Entscheidungen bezüglich des Musizierens in Mietwohnungen, Eigentumswohnungen, Einfamilienhäusern oder Reihenhäusern etc. Darüber hinaus gibt sie Anleitung zur Durchsetzung von berechtigten Ansprüchen auf zivilrechtlicher und ordnungs- bzw. strafrechtlicher Ebene.

Zur Lerntechnik im Bereich des Instrumentalspiels

von Werner Müller-Bech, hrsg. vom Deutschen Tonkünstlerverband e.V., München 1991, 29 S.

Besonders für Musikpädagogen interessant ist die hier vorgenommene Vorstellung von Lerntechniken. Zunächst wird der Lernprozeß auf Basis der »black-box«-Theorie und unter Einbeziehen der Rolle von Kurzzeit- und Langzeitgedächtnis erklärt. Für die wechselseitige Beziehung von Motivation und Erfolg sind dabei das Setzen von angemessenen Zwischenzielen und die Lernzielkontrolle sehr wichtig. Daran anschließend werden die konkreten Einarbeitungsstufen eines Werkes analysiert.

Die Besteuerung der Tonkünstler und Musiklehrer

von Reinhold Geist, hrsg. vom Landesverband Baden-Württemberg Deutscher Tonkünstler und Musiklehrer e.V. Stuttgart in Verbindung mit dem Deutschen Tonkünstlerverband e.V. (DTKV) München 1993 (9. Auflage), Stuttgart, 71 S.

Angesichts laufender steuerlicher Änderungen ist diese Arbeit ein prägnanter Leitfaden zum Steuerrecht. Einen Schwerpunkt bilden dabei ausführliche Erklärungen zur Einkommensteuer: es finden sich Erläuterungen zum System der Buchführung, zur Ermittlung des Einkommens und zu den verschiedenen Steuersätzen bzw. Sonderausgaben wie Kirchensteuer oder Steuerberatungskosten. Daneben werden Umsatzsteuer, Vermögenssteuer, Gewerbesteuer etc. erläutert.

Hofer Symphoniker. Portrait eines außergewöhnlichen Musikunternehmens. Orchester, Chor, Musikschule, Projekte, Kontakte.

von Prof. Dr. Inka Stampfl, hrsg. vom Deutschen Tonkünstlerverband e.V., München (Hof) 1995, 177 S.

Aus den unterschiedlichsten Blickwinkeln beleuchtet diese Veröffentlichung die Arbeit eines nicht staatlichen Orchesters. Der Schilderung der musikalischen Vergangenheit der Stadt Hof und ihrer Symphoniker schließt sich eine Ausführung der vielfältigen Aktivitäten der heutigen Hofer Symphoniker an. Die orchestereigene Musikschule mit Malabteilung, sowie vom Orchester gegründeten Chöre und das Vokalensemble bilden dabei ebenso Schwerpunkte wie die zahlreichen Projekte des Orchesters. So verschrieben sich die Hofer Symphoniker beispielsweise der Förderung zeitgenössischer Musik, der Nachwuchsförderung, aber auch der Musikförderung an allgemeinbildenden Schulen. Daneben finden die wirtschaftlichen Aspekte ebenso wie seine regionalen und überregionalen Kontakte Erläuterung.

Sampler contra Saite. Der Mensch im Spannungsfeld von Elektronik und musikalischer Berufung.
von Bernhard Epstein, hrsg. vom Tonkünstlerverband Baden-Württemberg e.V. in Verbindung mit dem Deutschen Tonkünstlerverband, München, Stuttgart 1997, 60 S.
Die vorliegende Broschüre bietet einen ausführlichen Vergleich von akustischen und digitalen Tasteninstrumenten, wobei auf mechanisch-technische und klanglich-physikalische Unterschiede besonders Wert gelegt wird. Erläuterungen, wie man den mechanisch erzeugten Klavierklang zu simulieren versucht, ergänzen die Darlegungen. Auch technische Eigenheiten des elektronischen Klanges und Erklärungen zum Vorgang des Samplings kommen nicht zu kurz. Daneben werden die psychologischen Aspekte des Musizierens ohne elektronische Hilfe und Möglichkeiten zur Qualitätsverbesserung digitaler Klaviere ausgeführt.

Deutsches Musikfestival – 150 Jahre Deutscher Tonkünstlerverband – Programmbuch
hrsg.: Messmer, Franzpeter, München 1997, 178 S.
Die Konzerte und Festlichkeiten anläßlich des 150-jährigen Bestehens des Deutschen Tonkünstlerverbandes versprechen mit 500 Musikern und 91 Konzerten, darunter 20 Uraufführungen, etliche Höhepunkte des deutschen Musiklebens. Das vorliegende Programmbuch gibt einen Überblick über das gesamte Konzertgeschehen im Rahmen dieses Ereignisses. Voran stehen Grußworte von Prof. Dr. Inka Stampfl, Präsidentin des Deutschen Tonkünstlerverbandes und Erste Vorsitzende des Landesverbandes Bayerischer Tonkünstler, Anne Sophie Mutter, dem Schirmherrn Bundeskanzler Helmut Kohl, sowie von Johannes Rau, Erwin Teufel und Dr. Edmund Stoiber, die als Ministerpräsidenten die Schirmherrschaft der Großveranstaltungen in ihren Bundesländern übernommen haben. Einleitenden Worte von Prof. Dr. Inka Stampfl über die Geschichte und Bedeutung des Deutschen Tonkünstlerverbandes schließen sich Worte des Organisators des Deutschen Musikfestivals, Dr. Franzpeter Messmer, über die Intention des Festivals an. Im Programmteil des Buches finden sich Kurzinformationen über die fünf zentralen Veranstaltungen in Weimar, Detmold, Hamburg, Stuttgart und Bad Füssing. Daneben erhält der Leser Einblick in die Fülle regionaler Veranstaltungen, die nicht nur fast alle Musikarten, sondern auch ungewöhnliche Darbietungsformen bieten.

3.3. Publikationen von Tonträgern

3.3.1. Schallplatten

1. Deutsche Musik der Gegenwart (Serie I und II) (DMG)

DMG I/1

Wilhelm Killmayer: (geb. 1927) – Sinfonie Nr. 2 Ricordanze für 13 Instrumente (Victor Lukas Consort)

Günter Bialas: (geb. 1907) – 3. Streichquartett (Assmann-Quartett: Klaus Assmann, Mechthild Böckheler, Engelbert Trösch, Otto Engel)

Fritz Büchtger: (geb. 1903) – 3. Streichquartett (Assmann-Quartett)

DMG I/2

Josef Anton Riedl: (geb. 1929) – Komposition für konkrete und elektronische Klänge/Tonbänder, für verschiedene Instrumente und Stimmen/live Nr. 4 III 1963/68–69 (Johannes Göhl, Peter Michael Hamel, Nicolaus A. Huber, Michael Lewis, Michael W. Ranta, Klangregie Josef A. Riedl)

Nicolaus A. Huber: (geb. 1939) – »Von … bis« für Viola, Harmonium, Klavier und 1 Schlagzeuger (Herbert Hechtel, Nicolaus A. Huber, Irmgard Huber, Michael W. Ranta, Leitung Helmut Lachenmann)

Helmut Lachenmann: (geb. 1935) – Interieur 1 für 1 Schlagzeugsolisten (Michael W. Ranta)

DMG I/3

Boris Blacher: (geb. 1903) – Divertimento für vier Holzbläser op. 38 (Karl-Bernhard Sebon, Günter Zorn, Kunibert Michel, Peter Schmidt)
– Variationen über ein divergierenden c-moll-Dreiklang Streichquartett Nr. 5 (Drolc-Quartett: Eduard Drolc, Jürgen Paarmann, Stefano Passaggio, Georg Donderer)

Siegfried Borris: (geb. 1906) – Oktett op. 99 (Alfred Maelcek, Ferdinand Mezger, Kunio Tsuchiya, Peter Steiner, Rainer Zepperitz, Herbert Stähr, Hans Lemke, Gert Seifert)

Heinz Friedrich Hartig: (geb. 1907) – Composizione per due op. 47 für Violoncello und Klavier (Gudrun Eckle, Rudolf Piernay)

DMG I/4

Frank Michael Bayer: (geb. 1928) – Streichquartett II (Assmann-Quartett)

Aribert Reimann: (geb. 1936) – Drei Sonette (Shakespeare) für Bariton und Klavier (Barry McDaniel, Aribert Reimann)

Friedrich Voss: (geb. 1930) – Capriccioso für Flöte und Bläserquartett (Karl-Bernhard Sebon, Günter Zorn, Peter Haubeck, Peter Schmidt, Gerhard Schröder)

Wolfgang Steffen: (geb. 1923) – Les Spirales pour piano op. 36 (Manfred Reuthe)

DMG I/5

Dieter Einfeldt: (geb. 1935) – Streichtrio Nr. 2 für Violine, Viola, Violoncello und Sopransolo im Finale (Geeske Hof-Helmers, Johannes Prelle, Eberhard Reichel, Kurt Domocik, Dirigent Dieter Einfeldt)

Norbert Linke: (geb. 1933) – VARIM II für Sopran, obligates Klavier und allerlei Instrumente ad libitum (1968): Stele für einen jungen Komponisten (Geeske Hof-Helmers, Roswitha Kobabe, Thomas Jahn, Peter Roggenkamp, Robert Hinze, Johannes Prelle, Eberhard Reichel, Kurt Donocik, Dirigent Norbert Linke)

Niels Frederic Hoffmann: (geb. 1943) – Attitudes brillantes für Klaviersolo (1968) (Charles Tinsley)

Diether de la Motte: (geb. 1928) – Tonbandkomposition unter Verwendung eines Textes von Konrad Bayer (Jutta Martens)

DMG I/6

Günter Becker: (geb. 1924) – 1. Streichquartett (Assmann-Quartett)

Jürg Baur: (geb. 1917) – »Dialoge« für Klavier, Violoncello (Günter Ludwig, Klaus Storck)

Bernd Alois Zimmermann: (geb. 1918) – Tempus loquendi, pezzi ellitici per Flauto grande, flauto in sol e flauto basso solo (1963) (Karlheinz Zöller)

DMG II/7

Klaus Hashagen: (geb. 1924) – »Meditation« für einen Schlagzeuger (Siegfried Fink)

Werner Heider: (geb. 1930) – »Landschaftspartitur« für Klavier (Werner Heider)

Werner Jacob: (geb. 1938) – »8 Min. 30 Sec.« für Gambe und Tonband (Laurentius Strehl)

Bertold Hummel: (geb. 1925) – »Fresken 70« für Schlagzeugquartett (Percussionsensemble des Bayer. Staatskonservatoriums, Würzburg, Leitung Siegfried Fink)

DMG II/8

Harald Genzmer: (geb. 1909) – »Suite in C« für Klavier (Hugo Steurer) – »Sonate« für Violoncello und Harfe (Klaus Storck und Helga Storck)

Karl Höller: (geb. 1907) – »Quartett op. 7« für Klavier, Violine, Viola und Violoncello (Hugo Steurer, Heinz Endres, Fritz Ruf, Adolf Schmidt)

DMG II/9

Friedhelm Döhl: (geb. 1936) – »Tappeto« Impressionen für Violoncello und Harfe nach Gedichten von Giuseppe Ungaretti (Klaus Storck und Helga Storck)

Hans Joachim Hespos: (geb. 1938) – »DSCHEN – das Erregende ist wie eine offene Schale« für Saxophon und Streichorchester (Das Rheinische Kammerorchester, Leitung Thomas Baldner, Solist: Peter Brötzmann)

Gunter Lege: (geb. 1935) – »CHROMA« Orgelmeditation (Gunter Lege an der Ott-Orgel der Markuskirche Hannover)

Alfred Koerppen: (geb. 1926) – »Transpositionen« für Flöte, Fagott, Violoncello, Klavier, Cembalo, Regal und Schlagzeug (Erdmuthe Boehr, Wilhelm Köhler, Barbara Boehr, Christiane Neidhart, Christa-Maria Hartmann, Albert Schober)

DMG II/10

Georg Kröll: (geb. 1934) – »Invocazioni« für Bläserquintett (Stalder-Quintett, Zürich: Ursula Burkhard, Peter Fuchs, Hans Rudolf Stalder, Bernhard Leguillon, Paul Meyer)

Hans Zender: (geb. 1936) – »Canto III« Der Mann von la Mancha für Sopran, 2 Männerstimmen, Klarinette, Oboe, Trompete, Posaune, Klavier, Violoncello, Schlagzeug, Gitarre und Moog-Synthesizer und Ringmodulatoren (Ilse Hollweg, Matti Juhani, Conrad Immel und ein Instrumentalensemble, Leitung Hans Zender)

Johannes Fritsch: (geb. 1941) – »Schnitte« Tonbandkompositionen

Manfred Niehaus: (geb. 1933) – »Scènes lyriques et électriques« für Fagott, Violoncello, elektr. Bassgitarre und Baritonsolo (Theo Staub, Othello Liesmann, Jürgen Hübscher)

DMG II/11

Max Baumann: (geb. 1938) – »Drei Stücke« für Orgel (Rosalinde Haas) – »Ave Maria« für acht gemischte Stimmen (Der Ruppenhorner Singkreis Leitung, Willi Träder)

Reinhard Schwarz-Schilling: (geb. 1904) – »Klaviersonate 1968« (Hajime Kono)

Dietrich Erdmann: (geb. 1917) – »Tre Pastelli« 1970 für Violine und Klavier (Claus Bednorz und Manfred Theilen)

Joseph Ahrens: (geb. 1904) – »Toccata eroica« für Orgel (Sieglinde Ahrens)

— — —

2. **Siegfried Palm / Othello Liesmann – Musik für zwei Violoncelli**
   mit Werken von Luigi Boccherini, Yashihisa Taïra, Klaus Obermayer und Jacques Offenbach. Mitschnitt eines Konzertes in der Klosterkirche zu Hammelburg am 1. Mai 1981.

3.3.2. Compact Disc

1. **Tondokumente zeitgenössischer Kammermusik Vol 1**
   Werke von: Rolf Hempel, Friedrich Deckner, Helmut Bieler,
   Karl Erhard, Hans Melchior Brugk
   Hrsg.:   Deutscher Tonkünstlerverband e. V.

2. **Tondokumente zeitgenössischer Kammermusik aus Bayern Vol 2**
   Werke von: Herbert Baumann, Alfred Goodman, Richard Heller,
   Ernst Kutzer, Richard Mader
   Hrsg.:   Deutscher Tonkünstlerverband e. V.

3.3.3. Videos

1. **»Der Deutsche Tonkünstlerverband – Ein Portrait«**
   erschienen 1997, Produktion: Inka Stampfl / Franzpeter Messmer
   erstellt vom musikwissenschaftlichen Seminar der Universität Passau
   Inhalt: Grundsätzliches über den Deutschen Tonkünstlerverband: Zusammensetzung, Aufgaben und Ziele
   Interview mit Prof. Dr. Inka Stampfl
   Informationen über das Präsidium
   Ausschnitte aus »Jugend musiziert« und dem Bundeswettbewerb Gesang

Überblick über die Konzerte des Deutschen Tonkünstlerverbandes
Einblicke in die Arbeit der Musikpädagogen

2. Die Blockflöte mit Hans-Martin Linde (Instrumentalserie Folge 1)

Cassette A: Zur Instrumentenkunde
Cassette B: Unterricht auf der Blockflöte

3. Das Klavier mit Tatiana Nikoleva (Instrumentalserie Folge 2)

Cassette 1: Johann Seb. Bach,
             Dimitrij Schostakowitsch,
             Ludwig van Beethoven
Cassette 2: Portrait der Künstlerin
Cassette 3: Konzert der Kursteilnehmer
Cassette 4: Meisterkurs 1 (Prokofieff: Sarkasmen, Chopin: Scherzo,
             h-moll)
Cassette 5: Meisterkurs 2 (Schubert: Sonate c-moll, alle Sätze)
Cassette 6: Meisterkurs 3 (Chopin: Sonate b-moll, alle Sätze)
Cassette 7: Meisterkurs 4 (Liszt: Etüde a-moll op. 10 Nr. 2, Beetho-
             ven: Klaviersonate op. 81 alle Sätze)
Cassette 8: Meisterkurs 5: (Bach: Goldberg-Variationen, Chopin:
             Etüde a-moll, Anmerkungen zur Interpretation Glenn
             Goulds)
Cassette 9: Meisterkurs 6 (Beethoven: Klaviersonate op. 109, alle
             Sätze, Schönberg: Klavierstücke op. 19)

MMM – Mit Meistern Musizieren produziert professionelle Dokumen-
tations- und Lehrcassetten für verschiedene Instrumente. Beispielhaft
werden mit Musikern und Pädagogen internationalen Ranges instru-
mentalpädagogische Konzerte auf aktuellem Stand in Bild und Ton
gesetzt. Hierbei kommen moderne digitale Aufzeichnungsverfahren zum
Einsatz.

3.4.   Katalog des Manuskriptearchivs

Das Manuskriptearchiv des Deutschen Tonkünstlerverbandes
Gesamtverzeichnis, 6. Auflage (April 1997), hrsg. von Inka Stampfl, 63 S.

Das Manuskriptearchiv des Deutschen Tonkünstlerverbandes hat sich zum Ziel gesetzt, noch nicht verlegte Werke zeitgenössischer Komponisten zu erfassen und sie interessierten Interpreten und Musikpädagogen zur Verfügung zu stellen. Der vorliegende Katalog gibt dabei einen umfassenden Überblick: Insgesamt 1.450 Werke sind hier der Besetzung nach geordnet aufgeführt, wobei Kompositionen für ein Soloinstrument, Kammermusik für zwei bis acht und mehr Instrumente, Kirchenmusik und musikdramatische Werke ebenso vertreten sind wie Kompositionen für Soloinstrument und Orchester, Orchesterwerke oder Werke für variable Besetzungen. Bei jedem Werk ist zudem das Entstehungsjahr, die Dauer, der Schwierigkeitsgrad (von 1 bis 6 steigend) und der Preis für gebundene Fotokopien vom Deutschen Tonkünstlerverband verzeichnet. Wenn Kompositionen bereits auf Tonträger aufgezeichnet wurden, so sind auch diese angeführt.

Neben zeitgenössischen Kompositionen umfaßt der Katalog aber auch Veröffentlichungen zur Musiktheorie und Musikpädagogik, sowie Instrumentalschulen. Im Anhang finden sich ein alphabetisches Personenregister und Kurzbiographien zu den erfaßten Autoren und Komponisten.

3.5.   Der Tonkünstler-Kalender

Tonkünstlerkalender, *Berlin 1997 (Verlag Robert Lienau), 304 S.*

Dieser alljährlich erscheinende Taschenkalender dient nach Aufbau und Inhalt besonders den Interessen und Wünschen der Musikerzieher, Künstler, Studenten und Musikliebhaber. Ein umfangreicher redaktioneller Teil gibt Auskunft über Veranstaltungen, Organisationen und Institutionen des Musikbereichs.

Mit nützlichen Informationen zu Serviceleistungen für Mitglieder, Aufgaben der Organe und Anschriften der Landes- bzw. Ortsverbände wird der Deutsche Tonkünstlerverband e.V. (DTKV) vorgestellt. So unterhält der Deutsche Tonkünstlerverband ein Manuskriptarchiv, gibt Publikationen heraus, organisiert Fortbildungsveranstaltungen und vertritt die Musikerinteressen in politischen Gremien und internationalen Organisationen. Anläßlich seines 150-jährigen Bestehens stellte er ein Festprogramm zusammen, das mit verschiedensten Veranstaltungen – von Kammermusik, Musica Sacra, Tanztheater bis zu Orchesterkonzert und Jugendfestival – ebenfalls abgedruckt ist. Darüber hinaus sind die Termine regelmäßig wiederkehrender Veranstaltungen des Deutschen Tonkünstlerverbandes, wie etwa die Deutsch-Österreichisch-Schweizerische Studientagung (D-A-CH-Tagung) oder der Bundeswettbewerb Gesang in Berlin, sowie die Daten der von den Landesverbänden organisierten Veranstaltungen enthalten.

Äußerst wissenswerte Hinweise über Vergütungssätze für musikalische Aufführungen, Nachlaßmöglichkeiten und Vergünstigungen für Mitglieder des Deutschen Tonkünstlerverbandes geben Erläuterungen des Gesamtvertrages zwischen GEMA und DTKV. Ebenso wichtig für jeden, der einen Musikberuf ausübt, sind die Regelungen bezüglich der Sozialversicherung und der Umsatzsteuer, die musikerbezogen erklärt werden.

Der Deutsche Musikrat, der Verband deutscher Schulmusiker e.V. und der Verband deutscher Musikschulen e.V. fanden jeweils mit der Adresse des Bundesvorstands (Geschäftsstelle) und ihren Landeseinrichtungen Eintrag. Besonders für Musikpädagogen von großem Wert ist die ausführliche Darstellung des Wettbewerbs »Jugend musiziert«, der unter anderem mit Teilnahmevoraussetzungen, Vorspielzeit, vorzutragenden Werken sowie den genauen Ausschreibungen für den 34. und 35. Wettbewerb 1997/98 angeführt wird.

Darüber hinaus sind alle öffentlichen Musikbibliotheken, Ausbildungsstätten für Musikberufe, Berufsorchester, Konzert-Direktionen und Rundfunk- und Fernseh-Anstalten erwähnt. In der Rubrik »Organisationen und Institutionen« finden sich zahlreiche Gesellschaften, Stiftungen und Verbände des Musikbereichs, sowie Orchester und Musikvereinigungen. Daneben sind die Künstlerdienste der Bundesanstalt für Arbeit, die Fachinspektoren für Musikerziehung in den österreichischen Bundesländern und Musikarchive verzeichnet.

3.6.   Infoblätter

1. Informationen über den Deutschen Tonkünstlerverband e.V. (DTKV)

- Kurzcharakteristik des Verbandes
- Organe des Deutschen Tonkünstlerverbandes
  Adressen der Präsidiumsmitglieder
- Adressen der Geschäftsstellen und Vorsitzenden der Landesverbände
- Serviceleistungen des DTKV gegenüber seinen Mitgliedern

2. Bestellschein

- Informationen über vom DTKV beziehbare Publikationen
- Kontaktadressen für Versicherungsfragen

3. Anmeldeformular für die 28. Deutsch-Österreichisch-Schweizerischen Studientagung (D-A-CH-Tagung)

- Zielsetzung und Thematik der Arbeitstagung
- Programm
- Teilnahmegebühren
- Anmeldung

3.7.   Messing-Türschild

Hannelore Muster
Berufsmusikerin

O

Deutscher Tonkünstlerverband e.V.

Dieses Messingschild in der Größe 13,5 x 9 cm wurde exklusiv angefertigt für die Mitglieder des DTKVs. In das goldfarbene Schild wurde der Schriftzug Deutscher Tonkünstlerverband e. V. sowie das Logo des Verbandes in schwarz bereits eingedruckt. Der übrige Platz wurde bewußt freigehalten, um den Mitgliedern individuelle Gravierungen zu ermöglichen. Verwendet werden darf das Türschild ausschließlich von Mitgliedern, da das Logo patentrechtlich geschützt ist und den Mitgliedern somit als Markensiegel dient und auf besondere berufliche Qualität hinweist.

4. INFORMATIONEN ZUM DEUTSCHEN TONKÜNSTLERVERBAND

In diesem Abschnitt soll der Deutsche Tonkünstlerverband so dargestellt werden, wie er sich im Jahre 1997 präsentiert. Gleichzeitig soll hier eine Art »Nachschlagwerk« über alles Wissenswerte des Verbandes installiert werden, d.h. wer ist im Präsidium, wer sind die Ansprechpartner in der Geschäftsstelle, wer sind die Vorsitzenden der Landesverbände. Schließlich soll die Satzung über den Verband informieren. Sodann soll auch die Problematik der vielschichtigen Finanzierung des Verbandes dargestellt werden. Die kulturpolitische Bedeutung des Deutschen Tonkünstlerverbandes schließlich wird durch einen Katalog von Institutionen und anderen Verbänden dokumentiert, in deren direkter Zusammenarbeit der DTKV steht.

Eine tabellarische Zeittafel gibt einen Überblick über den historischen Werdegang des Verbandes.

4.1. Leitungsgremien und Verwaltung

Ein Bundesverband der Musikberufe bedarf verschiedener Gremien, um dem föderalistischen Prinzip der Bundesrepublik Deutschland Rechnung zu tragen und dabei gleichzeitig den kulturhoheitlichen Status der einzelnen Länder zu wahren. Deshalb hat der Deutsche Tonkünstlerverband verschiedene Organe mit jeweils der Satzung entsprechenden unterschiedlichen Aufgaben:

Das Präsidium ist verantwortlich für die Verwirklichung der Aufgaben des Deutschen Tonkünstlerverbandes im Sinne der Beschlußfassungen der Länderkonferenz und der Delegiertenversammlung.

Die Länderkonferenz setzt sich aus den jeweiligen Vorsitzenden der einzelnen Landesverbände zusammen. Dies hat den Vorteil, daß jeder Landesverband, egal wie hoch seine Mitgliederzahl ist, mit nur einer Stimme vertreten ist und somit »kleinen« Landesverbänden das gleiche Recht eingeräumt wird wie »großen«. Auf dieser Ebene werden Probleme erörtert, die bundeslandüberschreitend von Interesse sind, entsprechende Vorschläge für die Bundesdelegiertenversammlung oder das Präsidium erarbeitet und vor allem der Informationsaustausch gefördert. Damit trägt dieses Organ wesentlich zur Erreichung der Ziele und Erfüllung der Aufgaben des Bundesverbandes bei. Zur Länderkonferenz kann in beratender Form das Präsidium herangezogen werden.

Die Bundesdelegiertenversammlung besteht aus dem Präsidium sowie aus den Delegierten der Landesverbände, deren Anzahl sich jeweils nach den im Vorjahr geleisteten Beitragszahlungen an den Bundesverband richtet. Dadurch können in der Bundesdelegiertenversammlung die Landesverbände unterschiedlich stark vertreten sein. Die Aufgaben der Bundesdelegiertenversammlung sind inhaltlicher aber auch verbandspolitischer Natur. Darüber hinaus ist sie das »Kontrollorgan« des Präsidiums.

Die Geschäftsstelle des Bundesverbandes nimmt die laufenden Angelegenheiten des Deutschen Tonkünstlerverbandes wahr und ist Anlaufstelle für alle Mitglieder und außerverbandlichen Anfragen.

4.1.1. Präsidium 1997

An der Spitze des Deutschen Tonkünstlerverbandes steht das Präsidium, das ehrenamtlich arbeitet und mit der Geschäftsstelle in München die Geschäfte des Verbandes führt, den Verband in der Öffentlichkeit repräsentiert, mit Ministerien, Institutionen und anderen musik- und kulturpolitischen Verbänden zusammenarbeitet.

Dem Präsidium obliegt die Leitung der wirtschaftlichen und organisatorischen Angelegenheiten des Verbandes, überregionales Planen, Beraten und Entscheiden. Dazu gehören auch Planung und Verwaltung von Projekten des Bundesverbandes, wie das Manuskriptarchiv zeitgenössischer Kompositionen, Produktionen von CD's, Publikationen, Durchführung überregionaler Veranstaltungen, wie Tonkünstlerfesten, Meister- und Fortbildungskursen.

Das Präsidium setzt sich zusammen aus dem Präsidenten, zwei Vizepräsidenten, dem Schriftführer, dem Schatzmeister und dem Justitiar:

Prof. Hans-Joachim Vetter, Ehrenpräsident

*1906 in Berlin, bis 1940/1941 freiberuflicher Gesangslehrer in Berlin und Leiter der Gesangs- und Opernabteilung des Robert Schumann Konservatoriums Düsseldorf, nach Krieg und Gefangenschaft Leiter der Volksoper Essen, 1948–1958 Leiter der Gesangs- und Opernabteilung des Konservatoriums Duisburg, 1958–1972 Direktor der Westfälischen Schule für Musik in Münster, Mitbegründer des Deutschen Tonkünstlerverbandes, ab 1968 Vizepräsident, 1973–1976 Präsident, ab 1992 Ehrenpräsident.

Prof. Dr. Inka Stampfl, Präsidentin

*1949 in München, studierte Schulmusik und Querflöte an der Hochschule für Musik in München, Musikwissenschaft an der Universität München, unterrichtete bis 1980 am Münchner Luitpold-Gymnasium, wurde 1980 als Leiterin des Lehrstuhls für Musikpädagogik und Musikdidaktik an die Universität Passau berufen. Sie engagiert sich nicht nur als Präsidentin des Deutschen Tonkünstlerverbandes, sondern auch als 1. Vorsitzende des Landesverbandes Bayerischer Tonkünstler, als Präsidiumsmitglied des Deutschen und Bayerischen Musikrates und als Vorstandsmitglied des Landesausschusses »Jugend musiziert« für die Musik. Sie wurde mit dem Bundesverdienstkreuz am Bande, der Verdienstmedaille der Stadt München zur Pflege der Volksmusik und mit der Volksmusikmedaille des Deutschen Harmonika-Verbandes ausgezeichnet.

Prof. Rolf Hempel, 1. Vizepräsident

*1932 in Reichenbach, studierte an der Robert-Schumann-Akademie in Zwickau Klavier und Trompete, an der Hochschule für Musik Berlin-Charlottenburg Komposition und Musiktheorie bei Boris Blacher, Hans-Friedrich Hartig, Ernst Pepping und Josef Rufer, seit 1957 Lehrauftrag an der Hochschule für Kirchenmusik in Esslingen, seit 1980 Professor für Komposition an der Stuttgarter Musikhochschule, 1988–1990 Prorektor, 1990–1997 Rektor. Er ist der 1. Vorsitzende des Tonkünstler-Landesverbandes Baden-Württemberg und 1. Vizepräsident des Deutschen Tonkünstlerverbandes. Auszeichnungen und Preise bei internationalen Wettbewerben für Komposition.

Klaus Eidmann, 2. Vizepräsident

*1928, Klavierunterricht bei Walter Gieseking, Klavierstudium bei Konrad Hansen und Renate Kretschmar in Detmold. 1962 1. Preis beim Konzert junger Künstler in Hannover. Privatmusiklehrer, erfolgreiche Schüler bei Jugend musiziert, 2. Vizepräsident des Deutschen Tonkünstlerverbandes, 1. Vorsitzender des Regionalverbandes Westfalen-Lippe, Vertreter des Deutschen Tonkünstlerverbandes im Begabten- und Hauptausschuß von »Jugend musiziert«.

Wolfgang Büssenschütt, Schriftführer

Als Gesangssolist und Baß im Vokal-Quintett Camerata Vocale mehr als 2000 Konzerte in Deutschland, Europa, Amerika und Asien, Fernseh-, Rundfunk- und Schallplattenproduktionen. Seit 1951 Gesangslehrer, ab 1959 an der Bremer Musikhochschule. Seit 1959 im Vorstand des Deutschen Tonkünstlerverbandes, vertritt den Deutschen Tonkünstlerverband im Beirat der Künstlersozialkasse.

Wilhelm Mixa, Schatzmeister

Diplom-Theologe und Musikverleger. Neben seinem Amt beim Deutschen Tonkünstlerverband ist er außerdem Mitglied des geschäftsführenden Vorstandes der Festspiele Europäische Wochen Passau e. V. und des Bundesfachausschusses Musikberufe beim Deutschen Musikrat.

Thomas Krekeler, Justitiar

Rechtsanwalt mit eigener Kanzlei in München, seit 1993 Rechtsberater des Präsidiums des Deutschen Tonkünstlerverbandes, seit 1997 ordentliches Mitglied des Präsidiums.

4.1.2. Landesverbände 1997

Der Deutsche Tonkünstlerverband ist im Prinzip seit seiner Gründung ein Dachverband gewesen, ob es nun Mitte des 19. Jahrhunderts die einzelnen Städte waren, die sich zusammenschlossen, oder im zwar als Einzelmitgliederverband deklarierten Reichsverband (RDTM) sich die Ortsgruppen mit eigener Satzung und Vorstand selbst verwalteten. Auch der Verbandsname »Vereinigung der Landesverbände Deutscher Tonkünstler und Musiklehrer« – VLDTM beweist oben Genanntes. Ebenso sprach man von »autonomen« Landesverbänden im »Verband Deutscher Musikerzieher und konzertierender Künstler – VDMK«.

So gilt auch heute noch das gleiche Prinzip, daß zwar die Landesverbände an die des Bundesverbandes angepaßte Satzungen haben, in ihren Planungen, Entscheidungen und Projekten jedoch völlig autonom agieren.

Dem Deutschen Tonkünstlerverband gehören 1997 sechzehn Landesverbände an, d.h. jedes Bundesland ist im Dachverband mit Sitz und Stimme vertreten:

Deutscher Tonkünstlerverband – Landesverband Baden-Württemberg e. V.
(ca. 2000 Mitglieder)
Geschäftsstelle: 70182 Stuttgart, Kernerstr. 2A,
Tel. 0711/223 71 26, Fax 223 73 31
1. Vorsitzender: Prof. Rolf Hempel,
Staatl. Hochschule f. Musik u. darst. Kunst,
Urbanstr. 25, 70182 Stuttgart, Tel. 0711/212 46 31

Deutscher Tonkünstlerverband – Landesverband Bayerischer Tonkünstler e. V
(ca. 1900 Mitglieder)
Geschäftsstelle: 80335 München, Linprunstr. 16/Rgb.,
Tel. 089/529 25 93 u. 54 21 20–80, Fax –81
1. Vorsitzende: Prof. Dr. Inka Stampfl,
c/o Universität Passau, Pf. 2540,
Tel. 0851/509 28–80, Fax –81

Deutscher Tonkünstlerverband – Landesverband Berlin e. V.

(ca. 350 Mitglieder)

Geschäftsstelle: c/o Anka Sommer, 14129 Berlin, An der Rehwiese 24b, Tel./Fax 030/803 69 96

1. Vorsitzende: Dr. Adelheid Krause-Pichler, 14197 Berlin, Landauer Str. 12, Tel./Fax 030/822 33 13

Deutscher Tonkünstlerverband – Landesverband Brandenburg e. V.

(ca. 40 Mitglieder)

Geschäftsstelle: c/o K. Morgenstern, 14482 Potsdam, Plantagenstr. 22, Tel./Fax 0331/70 76 62

1. Vorsitzender: Prof. Klaus Bäßler, 14532 Kleinmachnow, Am Weinberg 5, Tel./Fax 033203/206 41

Deutscher Tonkünstlerverband – Landesverband Bremen (DTLB)

(ca. 280 Mitglieder)

Geschäftsstelle: 28195 Bremen, Altenwall 28, Tel. 0421/32 41 40

1. Vorsitzender: Prof. Hans Jürgen Feilke, 28327 Bremen, Bottroper Str. 40, Tel. 0421/47 13 90

Deutscher Tonkünstlerverband – Landesverband Hamburg e. V.

(ca. 60 Mitglieder)

Geschäftsstelle: 22607 Hamburg, Waitzstr. 63, Tel./Fax 040/82 75 74

1. Vorsitzender: Detlef Saßmannshausen (Anschrift wie Geschäftsstelle)

Deutscher Tonkünstlerverband – Landesverband Hessen e. V.

(ca. 270 Mitglieder)

Geschäftsstelle: 65760 Eschborn, Oberortstr. 13, Tel. 06196/420 40, Fax 94 02 73

1. Vorsitzende: Hannelore Grzybowski-Cronebach-Antony (Anschrift wie Geschäftsstelle)

Deutscher Tonkünstlerverband – Landesverband Mecklenburg-Vorpommern e. V.

(ca. 30 Mitglieder)

Geschäftsstelle: c/o Hochschule f. Musik u. Theater, 18055 Rostock, Am Bussebart 11, Tel. 0381/202 06–21, Fax –25

1. Vorsitzender: Prof. Wilfrid Jochims (Anschrift wie Geschäftsstelle)

Deutscher Tonkünstlerverband – Landesverband Niedersachsen e. V.
(ca. 500 Mitglieder)

Geschäftsstelle: 30159 Hannover, Lützowstr. 5,
Tel. 0511/131 97 99, Fax 159 01

1. Vorsitzender: Prof. Bernd Goetzke,
31234 Edemissen, Kochsweg 27, Tel./Fax 05176/12 89

Deutscher Tonkünstlerverband – Landesverband Nordrhein-Westfalen e. V.
(ca. 950 Mitglieder)

Geschäftsstelle: c/o Ang. Ruckdeschel, 47057 Duisburg, Pappenstr. 21,
Tel./Fax: 0203/35 92 55

1. Vorsitzender: Prof. Jürgen Ulrich,
32756 Detmold, Papenbergweg 33,
Tel. 05231/30 09 66, Fax 389 91

Deutscher Tonkünstlerverband – Landesverband Rheinland-Pfalz e. V.
(ca. 50 Mitglieder)

Geschäftsstelle: c/o Torsten Greis, Mühlenweg 1, 57648 Unnau,
Tel. 02661/635 29, Fax 612 54

1. Vorsitzende: Annerose Baab, 67292 Kirchheimbolanden, Goethestr. 1,
Tel. 06352/26 25

Deutscher Tonkünstlerverband – Landesverband Saar e. V.
(ca. 50 Mitglieder)

Geschäftsstelle: 66386 St. Ingbert, Annastr. 27,
Tel. 06894/966 21–8, Fax –9

1. Vorsitzender: Everard Sigal (Anschrift wie Geschäftsstelle)

Deutscher Tonkünstlerverband – Landesverband Sachsen e. V.
(ca. 40 Mitglieder)

Geschäftsstelle: 04416 Markkleeberg, Erikenweg 1, Tel. 0341/358 17 20
1. Vorsitzender: Matthias Hübner (Anschrift wie Geschäftsstelle)

Deutscher Tonkünstlerverband – Landesverband Sachsen-Anhalt e. V.
(ca. 30 Mitglieder)

Geschäftsstelle: 06108 Halle/S., Marktplatz 13,Tel./Fax 0345/202 40 22
1. Vorsitzende: Wilhelmine Unger,
06108 Halle/S., Hermannstr. 34, Tel. 03345/388 19 42

Deutscher Tonkünstlerverband – Landesverband Schleswig-Holstein e.V.
(ca. 80 Mitglieder)
Geschäftsstelle: 23552 Lübeck, Mühlenstr. 91, Haus 6,
Tel. 0451/798 28 43, Fax 707 00 34
1. Vorsitzender: Prof. Albert Aigner (Anschrift wie Geschäftsstelle)

Deutscher Tonkünstlerverband – Landesverband Thüringen e.V.
(ca. 60 Mitglieder)
Geschäftsstelle: c/o Günter Diez, 07551 Gera, Fritz-Reuter-Str. 8,
Tel. 0365/710 75 87
1. Vorsitzende: Claudia Schwarze-Nolte,
99089 Erfurt, Baumerstr. 5, Tel. 0361/260 68 25

4.1.3. Geschäftsstelle 1997

Der Deutsche Tonkünstlerverband in seiner jetzigen Form beschäftigt keinen hauptamtlichen Geschäftsführer, vielmehr setzt sich die Geschäftsstelle aus Mitarbeitern mit verschiedenen Aufgabenbereichen zusammen:

Stella Schießl: Sekretariat, allgemeine Geschäftsführung
Petra Servatius: Sekretariat, Assistentin des 3. gesamtdeutschen Musikfestivals 1997 und Projekte des DTKV
Dorothee Göbel: Redakteurin der Seiten des Bundesverbandes in der
Neuen Musikzeitung, sowie Koordination von Veröffentlichungen kleinerer Landesverbände; Organisation
der Deutsch-Österreichisch-Schweizerischen Kongresse
in Deutschland
Dr. Franzpeter Messmer: Organisation des gesamtdeutschen und überregionalen Tonkünstlerfestes, Mitarbeit bei Fort-
bildungsseminaren im Bereich Musikmanagement
Manfred Miller: Versand und Pflege des Notenmaterials aus dem Manuskriptearchiv zeitgenössischer Kompositionen des Bundesverbandes.

Daneben stellt die Geschäftsstelle in München immer wieder Praktikumsplätze für Praktikanten der Universität Passau zur Verfügung, die im Bereich Kulturraumstudien (Diplom-Kulturwirt) oder Musikpädagogik studieren.

4.2. Satzung

Nach vielen Unklarheiten und doppelten Auslegungsmöglichkeiten wurde 1993 von einer Kommission eine neue Satzung erstellt, die eindeutig die Aufgabe des Bundesverbandes als Dachverband autonomer Landesverbände regelt. Zur Information folgt sie im vollständigen Wortlaut:

Satzung

errichtet am 9. Mai 1993 in München, zuletzt geändert
von der Delegiertenversammlung am 18. März 1995 in Mannheim

§ 1 Name, Sitz, Geschäftsjahr

(1) Der Verein führt den Namen »Deutscher Tonkünstlerverband e.V.«, im folgenden »Verband« genannt.

(2) Der Verband ist in das Vereinsregister eingetragen und hat seinen Sitz in München.

(3) Das Geschäftsjahr ist das Kalenderjahr.

§ 2 Tätigkeit

Die Tätigkeit des Verbandes ist nicht auf einen wirtschaftlichen Geschäftsbetrieb gerichtet. Alle dem Verband zufließenden Mittel sind für die Erfüllung der in dieser Satzung angegebenen Zwecke zu verwenden oder Fonds zuzuführen, die für diese Zwecke gebunden sind und deren Einrichtung das Präsidium beschließt. Die Mitglieder erhalten keine Gewinnanteile und in ihrer Eigenschaft als Mitglieder auch keine sonstigen Zuwendungen aus Mitteln des Verbandes. Keine Person darf durch Verwaltungsaufgaben, die den Zwecken des Verbandes fremd sind, oder durch unverhältnismäßig hohe Vergütung begünstigt werden.

§ 3 Zweck

Der Verband vertritt die in Musikberufen Tätigen auf Bundesebene gegenüber Behörden, Institutionen, Organisationen sowie der Öffentlichkeit. Seine Aufgaben bestehen in der Förderung der fachlichen, wirtschaftlichen und sozialen Belange des Berufsstandes sowie in der Mitarbeit an allen Fragen der Musikerziehung und der Musikpflege.

§ 4 Mitgliedschaft

(1) Ordentliche Mitglieder des Verbandes sind die in den Ländern der Bundesrepublik Deutschland tätigen Landesverbände. In ihnen

sind Musiklehrer, konzertierende Künstler und Angehörige anderer Musikberufe zusammengeschlossen. Die Landesverbände nehmen die regionalen Aufgaben wahr im Rahmen und aufgrund der Kulturhoheit der Länder. Je Bundesland kann nur ein Landesverband aufgenommen werden. Der Begriff »Tonkünstlerverband« soll im Namen des jeweiligen Landesverbandes enthalten sein.

(2) Voraussetzung für die Aufnahme eines Landesverbandes ist, daß seine satzungsmäßigen Aufgaben und seine tatsächliche Tätigkeit dem in § 3 dieser Satzung genannten Zweck des Verbandes entsprechen.

(3) Gibt es in einem Bundesland keinen Landesverband, können andere regionale Gliederungen vorübergehend so lange die Stelle eines Landesverbandes einnehmen, bis ein Landesverband existiert.

(4) Die ordentlichen Einzelmitglieder der Landesverbände und regionalen Gliederungen haben das Recht, die Leistungen des Verbandes in Anspruch zu nehmen, an seinen Veranstaltungen teilzunehmen und seine Einrichtungen zu nützen. Dabei sind insbesondere die Interessen der mitgliederschwächeren Landesverbände zu berücksichtigen.

(5) Fördernde Mitgliedschaft ist für natürliche und juristische Personen möglich.

(6) Persönlichkeiten, die sich um den Verband besondere Verdienste erworben haben, können durch Beschluß der Bundesdelegiertenversammlung zu Ehrenmitgliedern oder Ehrenpräsidenten ernannt werden. Sie können mit beratender Stimme an der Bundesdelegiertenversammlung teilnehmen.

(7) Die Aufnahme von Mitgliedern erfolgt durch das Präsidium. Eine Ablehnung muß schriftlich begründet werden. Der abgelehnte Antragsteller kann die Bundesdelegiertenversammlung anrufen, die endgültig entscheidet.

(8) Die ordentliche Mitgliedschaft erlischt
   1. durch Auflösung des entsprechenden Landesverbandes oder eines Verbandes nach Absatz 3.
   2. durch Austritt eines Landesverbandes. Der Austritt ist nur zum Schluß eines Kalenderjahres zulässig und bedarf einer Kündigungsfrist von 18 Monaten. Vor dem Austritt eines Landesverbandes soll dessen Mitgliederversammlung gehört werden.

3. durch Ausschluß wegen vereinsschädigenden Verhaltens. Ein Ausschluß kann nur durch die Bundesdelegiertenversammlung vollzogen werden.

(9) Die Mitgliedschaft natürlicher Personen erlischt

1. durch Tod,
2. durch Austritt zum Ende des Geschäftsjahres mit dreimonatiger Kündigungsfrist.
3. durch Ausschluß wegen vereinsschädigenden Verhaltens. Ein Ausschluß kann nur durch die Bundesdelegiertenversammlung vollzogen werden.

(10) Die Mitgliedschaft juristischer Personen nach Absatz 5 erlischt durch Austritt zum Ende des Geschäftsjahres mit dreimonatiger Kündigungsfrist.

(11) Die Beiträge der ordentlichen Mitglieder werden aufgrund einer Beitragsordnung geleistet, die von der Bundesdelegiertenversammlung beschlossen wird. Über die Höhe von Beiträgen von Fördermitteln entscheidet das Präsidium.

§ 5 Organe

(1) Organe des Verbandes sind:

1. die Bundesdelegiertenversammlung,
2. die Länderkonferenz,
3. das Präsidium.

(2) Jedes Organ soll sich eine Geschäftsordnung geben.

§ 6 Bundesdelegiertenversammlung

(1) Die Bundesdelegiertenversammlung ist höchstes Organ des Verbandes. Sie ist Mitgliederversammlung im Sinne des BGB. Sie wird vom Präsidenten unter Angabe eines Vorschlags zur Tagesordnung schriftlich einberufen und geleitet. Die Einberufungsfrist beträgt vier Wochen, in dringenden Fällen acht Tage.

(2) Eine ordentliche Bundesdelegiertenversammlung findet alljährlich statt, außerordentliche Bundesdelegiertenversammlungen sind einzuberufen, wenn das Präsidium oder die Länderkonferenz dies beschließen oder wenn mindestens 25% der Delegierten dies beantragen.

(3) Die Bundesdelegiertenversammlung besteht aus den Mitgliedern des Präsidiums und aus den Delegierten der Landesverbände. Jeder Landesverband entsendet entsprechend seiner Beitragszahlung im

Vorjahr je angefangenem Hundertfachen des Grundbeitrags (nach § 2,2 der Beitragsordnung) einen Delegierten. Die jeweiligen Landesverbandsvorsitzenden sind kraft Amtes die 1. Delegierten ihres Landesverbandes, wobei Landesverbände mit weniger als 100 Mitgliedern demzufolge nur mit der Stimme ihres Vorsitzenden als einzigem Delegierten vertreten sind. Ist ein Landesverbandsvorsitzender oder ein Delegierter gleichzeitig Mitglied des Präsidiums, nimmt ein Ersatzdelegierter an der Versammlung teil. Stimmübertragung ist innerhalb eines Landesverbandes auf den Vorsitzenden oder auf andere Delegierte möglich. Ein Mitglied der Delegiertenversammlung kann eine zusätzliche Stimme übernehmen.

(4) Jede ordnungsgemäß einberufene Delegiertenversammlung ist beschlußfähig.

(5) Aufgaben der ordentlichen Bundesdelegiertenversammlung sind im wesentlichen:

1. Genehmigung der Tagesordnung.
2. Entgegennahme des Rechenschaftsberichtes des Präsidiums und Entlastung des Präsidiums,
3. Wahl des Präsidiums,
4. Entgegennahme der Berichte der Länderkonferenz und der Landesverbände,
5. Festlegung des Arbeitsprogramms,
6. Genehmigung des Haushaltsplans,
7. Beschlußfassung über die Beitragsordnung,
8. Wahl von bis zu zwei Kassenprüfern und zwei Vertretern,
9. Bildung von Ausschüssen,
10. Entscheidung über Satzungsänderungen gemäß § 10,
11. Beschlußfassung über eine etwaige Auflösung des Verbandes gemäß § 11.

§ 7 Länderkonferenz

(1) Die Länderkonferenz setzt sich zusammen aus den 1. Vorsitzenden der Landesverbände, im Verhinderungsfalle aus deren Vertretern. Jede ordnungsgemäß einberufene Länderkonferenz ist beschlußfähig. Die Tätigkeit der Länderkonferenz ist ehrenamtlich.

(2) Die Länderkonferenz wählt aus ihrer Mitte einen Vorsitzenden und einen Stellvertreter für die Dauer eines Kalenderjahres. Wiederwahl ist zulässig. Übt ein Vorsitzender sein Amt als Landesvorsitzender nicht mehr aus, ist ein neuer Vorsitzender der Länderkonferenz zu wählen.

(3) Es findet jährlich mindestens eine Sitzung der Länderkonferenz statt. Sitzungen der Länderkonferenz können auch als gemeinsame Sitzungen mit dem Präsidium durchgeführt werden. Sie werden von ihrem Vorsitzenden einberufen (ggf. im Einvernehmen mit dem Präsidenten) und geleitet. Bei gemeinsamen Sitzungen mit dem Präsidium leitet der Präsident die Sitzung. Der Vorsitzende der Länderkonferenz kann in dringenden Fällen Beschlüsse dieses Gremiums auch auf fernmündlichem oder -schriftlichem Wege herbeiführen.

(4) Die Aufgaben der Länderkonferenz sind:

1. Information der Landesverbände untereinander und Vertretung der Länderinteressen beim Präsidium,
2. Koordinierung und Durchführung von fachlichen und berufsständischen Aktivitäten. Zu diesem Zweck können Sachverständige zu den Sitzungen hinzugezogen und mit entsprechenden Aufgaben betraut werden,
3. Genehmigung arbeitsrechtlicher Verträge.

(5) Mit anfallenden Reise-, Sitzungs-, Verwaltungs- und anderen Kosten werden alle Landesverbände im Umlageverfahren belastet. Die Länderkonferenz erläßt hierzu eine Umlage-Ordnung, die vom jeweiligen Vorsitzenden der Länderkonferenz umzusetzen ist.

§ 8 Präsidium

(1) Das Präsidium besteht aus dem Präsidenten, dem 1. und 2. Vizepräsidenten, dem Schatzmeister und dem Schriftführer. Einzelvertretungsberechtigt im Sinne des § 26 BGB sind der Präsident, der 1. und 2. Vizepräsident. Im Innenverhältnis gilt, daß der 1. und 2. Vizepräsident im Verhinderungsfall des Präsidenten in der genannten Reihenfolge vertretungsberechtigt sind.

(2) Das Präsidium hat die Aufgabe, die Beschlüsse der Bundesdelegiertenversammlung zu vollziehen und die laufenden Geschäfte des Verbandes wahrzunehmen.

(3) Die Tätigkeit des Präsidiums ist ehrenamtlich. Die Amtsperiode beträgt 3 Jahre. Wiederwahl ist zulässig. Das Präsidium führt ggf. nach Ablauf der Amtsperiode die Geschäfte bis zur Neuwahl weiter. Scheidet ein Mitglied des Präsidiums vorzeitig aus, kann sich das Präsidium nach eigenem Ermessen ergänzen. Die nächste Bundesdelegiertenversammlung nimmt eine Nachwahl vor, die bis zum Ablauf der Amtsperiode des Präsidiums gilt.

(4) Es finden jährlich mindestens zwei Sitzungen statt, die auch als gemeinsame Sitzungen mit der Länderkonferenz durchgeführt werden können. Die Sitzungen werden vom Präsidenten einberufen und geleitet. Der Präsident kann in dringenden Fällen Beschlüsse des Präsidiums auch auf fernmündlichem oder -schriftlichem Wege herbeiführen.

(5) Das Präsidium kann einen Geschäftsführer bestellen. Der Abschluß eines entsprechenden arbeitsrechtlichen Vertrages ist von der Länderkonferenz zu genehmigen. Nach Maßgabe des Präsidiums nimmt der Geschäftsführer an den Sitzungen der Organe des Verbandes mit beratender Stimme teil.

§ 9 Wahlen und Beschlüsse

(1) Wahlen werden in der Regel in geheimer Abstimmung durchgeführt. Ein Kandidat ist gewählt, wenn mehr als die Hälfte der abgegebenen gültigen Stimmen (ja, nein, Enthaltung) auf ihn entfallen. Ist ein zweiter Wahlgang notwendig, so ist der Kandidat gewählt, der die meisten Ja-Stimmen erhält. Ergibt sich bei der Wahl in geheimer Abstimmung Stimmengleichheit, so entscheidet das Los.

(2) Beschlüsse werden mit einfacher Mehrheit gefaßt, soweit diese Satzung nichts anderes bestimmt. Abstimmungen werden in der Regel offen durchgeführt; geheime Abstimmung ist vorzunehmen, wenn ein diesbezüglicher Antrag durch ein Viertel der anwesenden Stimmen unterstützt wird. Ergibt sich bei offener Abstimmung Stimmengleichheit, entscheidet die Stimme des Vorsitzenden. Ergibt sich bei geheimer Abstimmung über einen Antrag Stimmengleichheit, so ist der Antrag abgelehnt.

(3) Anträge, Beschlüsse und Wahlen sind zu protokollieren. Das Protokoll ist vom Protokollführer und dem jeweiligen Vorsitzenden zu unterzeichnen.

§ 10 Satzungsänderungen

Satzungsänderungen bedürfen einer $^2/_3$-Mehrheit der anwesenden Stimmen in der Bundesdelegiertenversammlung.

§ 11 Auflösung

(1) Zur Auflösung des Verbandes bedarf es der $^3/_4$-Mehrheit der Stimmen in einer eigens zu diesem Zwecke einberufenen Bundesdelegiertenversammlung.

(2) Die Bundesdelegiertenversammlung beschließt im Falle einer Auflösung des Verbandes, welchen Institutionen das Verbandsvermögen
zum Zwecke der Förderung der Musikpflege zuzuführen ist. Eine
Verteilung des Vermögens an die Mitglieder ist nicht zulässig.

4.3. Finanzierung des Deutschen Tonkünstlerverbandes

Wenn ein Verband über 150 Jahre hinweg »aktiv« ist, d.h. Veranstaltungen, Versammlungen, Konzerte, Kongresse etc. durchführt, oft seinen Mitgliedern oder Hinterbliebenen seiner Mitglieder aus sozialen Nöten hilft, eine Zeitung oder ein Nachrichtenblatt herausgibt, eine Bibliothek unterhält, so ist die Frage von Bedeutung, wie der Verband dies alles seit 150 Jahren finanziert. Eindeutig geht aus der Geschichte des Deutschen Tonkünstlerverbandes hervor, daß Mitgliedsbeiträge eine erhebliche Rolle spielen, gleichzeitig aber auch viele andere Möglichkeiten von »Finanzquellen« erschlossen wurden und auch heute noch werden.

Bei den Verbandsgeldern handelt es sich bis heute um eine Mischfinanzierung, die zwar von einem bestimmten jährlichen Haushalt aus Mitgliedsbeiträgen ausgeht, aber ohne öffentliche Zuschüsse, ohne Unterstützung von Mäzenen, ohne Spenden und ohne dem heute modernen »Sponsoring« nicht auskommt.

Die Mittel werden verwendet für die Durchführung der Projekte des Deutschen Tonkünstlerverbandes und den damit verbundenen Personal- und Sachkosten sowie die Unterhaltung einer Geschäftsstelle.

Die Arbeit des Präsidiums wird ehrenamtlich geleistet, lediglich Reisekosten und Spesen werden in Angleichung an das Bundesreisekostengesetz den Präsidiumsmitgliedern erstattet.

4.3.1. Mitgliedsbeiträge

Die Geschichte eingetragener Vereine zeigt, daß in jeder Vereinssatzung in verschiedenen Paragraphen die Höhe und Art der Beitragspflicht der Mitglieder geregelt wird.

1993 gab sich der Deutsche Tonkünstlerverband erstmals eine Beitragsordnung, die sich nach der Mitgliederzahl der einzelnen Landesverbände richtet. Die Überlegungen waren dabei, die Entwicklung der Mitgliederzahlen nach »oben« nicht durch den Schrecken einer ins Unendliche wachsenden Beitragsleistung an den Bundesverband zu hemmen, sondern vielmehr die Werbung von neuen Mitgliedern dadurch zu unterstützen, daß sich bei höherer Mitgliederzahl die Abgabe je Mitglied verringert. Ganz besonders entgegenkommend wurde bei der Gründung von Landesverbänden in den neuen Bundesländern nach der Wende verfahren:

Bei gleichen Rechten waren bzw. sind sie im ersten Jahr beitragsfrei, im zweiten Jahr zahlen sie ein Drittel im dritten Jahr zwei Drittel des normalen Beitrags.

Erst im vierten Jahr sind die Landesverbände gegenüber dem Bundesverband voll beitragspflichtig.

Nach fünf Jahren gleichbleibender Beiträge wurde ab 1998 eine lineare Erhöhung beschlossen, so daß künftig folgende Beitragsordnung gültig ist:

Beitragsordnung 1998

§ 1 Beitragspflicht

(1) Beitragspflichtig sind die Mitglieder gem. § 4 der Satzung.

(2) Der Beitrag wird als Jahresbeitrag erhoben.

§ 2 Höhe des Beitrags

(1) Bei ordentlichen Mitgliedern wird bei der Berechnung des Jahresbeitrags die Zahl seiner ordentlichen Einzelmitglieder zugrunde gelegt. Ist der betreffende Landesverband bereits ein Dachverband, so wird die Zahl der Einzelmitglieder in den ihm angeschlossenen Regionalverbänden bzw. Ortsverbänden zugrunde gelegt.

(2) Für jedes dieser Einzelmitglieder wird ein Jahresbeitrag gemäß nachfolgender Staffelung entrichtet:

für das 1.– 300. Mitglied	je DM 24,--
für das 301.– 600. Mitglied	je DM 22,--
für das 601.– 900. Mitglied	je DM 20,--
für das 901.–1200. Mitglied	je DM 18,--
für das 1201.–1500. Mitglied	je DM 16,--
für das 1501. und alle weiteren Mitglieder gilt ein Betrag von	je DM 14,--

(3) Fördernde Mitglieder zahlen den vereinbarten Jahresbeitrag.

§ 3 Änderungen der Beitragsordnung

(1) Eine Änderung der Beitragsordnung beschließt die Bundesdelegiertenversammlung mit einer Mehrheit von 2/3 der anwesenden Delegierten.

(2) Eine Beitragsordnung tritt im übernächsten Beitragsjahr nach der Beschlußfassung in Kraft.

§ 4 Fälligkeit der Beiträge

(1) Jedes ordentliche Mitglied gibt jährlich bis Ende Januar dem Bundesverband eine verbindliche Erklärung darüber ab, wie hoch der Mitgliederbestand gem. § 2,1 am 31.12. des Vorjahres war.

(2) Der sich daraus ergebende Jahresbeitrag ist in zwei Halbjahresraten am 30.3. und 30.9. zur Zahlung fällig.

4.3.2. Öffentliche Zuschüsse

Daß die Mitgliedsbeiträge natürlich bei weitem nicht ausreichen, um die Kosten der Aktivitäten des Bundesverbandes zu decken, bedarf keiner Erläuterung. Deshalb ist der Deutsche Tonkünstlerverband auf Projektfinanzierung angewiesen.

Unter diesem Gesichtspunkt ist einer der wichtigsten Partner des Bundesverbandes das Bundesministerium des Innern mit seiner Abteilung für Musik. Von dieser Seite aus werden z.B. Projekte wie der alljährlich stattfindende Bundeswettbewerb Gesang oder die alle drei Jahre in Deutschland stattfindende Deutsch-Österreichisch-Schweizerische Tagung zu aktuellen Musikfragen bezuschußt oder das 1997 stattfindende gesamtdeutsche Musikfestival, kurzum Projekte, die für die Bundesrepublik Deutschland von Bedeutung sind.

Ganz besonders verbunden ist das Bayerische Staatsministerium für Unterricht, Kultus, Wissenschaft und Kunst dem Deutschen Tonkünstlerverband. Ähnlich wie auf Bundesebene werden auf Landesebene von dieser Seite Zuschüsse gewährt für Projekte, die zwar der Bundesverband ausführt, aber für das Land Bayern von kultureller Bedeutung sind, so z.B. die stets in Bayern stattfindenden D-A-CH-Tagungen und deren Veröffentlichung, der erste Band der Reihe »Komponisten als Interpreten«, Tonträger mit zeitgenössischer Musik, das große Jugendmusikfest 1997 in Bad Füssing, das Manuskriptarchiv etc.

Bei all diesen Zuschüssen handelt es sich jedoch stets um Teilfinanzierungen, d.h. der Bundesverband muß stets einen hohen Anteil an Eigenleistung erbringen, um in den Genuß von öffentlichen Zuschüssen zu gelangen.

Indirekt wird der Deutsche Tonkünstlerverband auch durch den Deutschen Musikrat unterstützt, in dem er Träger verschiedener Projekte ist, die den Mitgliedern zu Gute kommen, z.B. Deutscher Chor- und Orchesterwettbewerb, »Jugend musiziert«, Förderung zeitgenössischer Musik etc.

4.3.3. Stiftungen

Der Deutsche Tonkünstlerverband hatte seit seiner Existenz Verbindung zu Stiftungen der unterschiedlichsten Einrichtungen, ob sozialer, wirtschaftlicher oder kultureller Art.

Seit 1993 zeigt sich nun eine enge Zusammenarbeit mit der Hanns-Seidel-Stiftung. Sie unterstützt den Deutschen Tonkünstlerverband vor allem in seinen kulturpolitischen Projekten. So stellt die Hanns-Seidel-Stiftung Tagungsräume zu äußerst günstigen Bedingungen dem Bundesverband zur Verfügung, um Seminare und Fortbildungsveranstaltungen im bildungspolitischen Bereich durchführen zu können. Folgende Tagungen fanden seit 1993 statt:

Liste der Seminare:

Termin: 09.–11.12.1994
Ort: Dresden
Titel: Verbandsarbeit als politische Aufgabe in der pluralistischen Gesellschaft

Termin: 17.–19.2.1995
Ort: Erfurt
Thema: Verbandsarbeit als politische Aufgabe in der pluralistischen Gesellschaft

Termin: 22.–24.9.1995
Ort: Kloster Aldersbach
Thema: Grundseminar zum politischen Management und zur politischen Öffentlichkeitsarbeit

Termin: 27.–29.10.1995
Ort: Schloß Weinberg, A-4292 Kefermarkt
Thema: Presse- und Verbandsarbeit in Europa

Termin: 24.–26.11.1995
Ort: Pampow-Schwerin
Thema: Kulturpolitik im Spannungsfeld der alten und neuen Medien

Termin: 18.–20.10.1996
Ort: Erfurt
Thema: Verbandsarbeit als politische Aufgabe in der pluralistischen
         Gesellschaft – Künstler- und Öffentlichkeitsarbeit

Termin: 29.11.–01.12.1996
Ort: Schärding/Österreich
Thema: Medienpolitik & Kultur – Künstler und Öffentlichkeitsarbeit –
         neue Kommunikationstechniken in Bayern

Ein weiterer Partner ist die GEMA-Stiftung, die z.B. Kompositionswett-
bewerbe des Bundesverbandes unterstützt. Ein anderes gemeinsames
Projekt, ist die Einrichtung eines Nachlaßarchives zeitgenössischer
Komponisten.

In indirektem Zusammenhang ist auch die Stiftung der Mannheimer
Versicherung zu erwähnen, die alljährlich wertvolle Violinen und Bögen
an begabte junge Musiker verleiht.

4.3.4. *Der Verein »Freunde der Tonkunst und Musikerzie-hung e. V.«*

Der Verein »Freunde der Tonkunst und Musikerziehung e.V.« existiert
seit 1982 und hat sich folgende Ziele und Aufgaben gesetzt:

§ 2 der Satzung:

Zweck und Aufgabe des Vereins ist die Förderung der Musikerziehung
und der Nachwuchspflege auf dem Gebiete der musikalischen Interpre-
tation sowie die Förderung zeitgenössischer Musik. Zur Erreichung
dieses Zweckes unterstützt der Verein insbesondere

a) Lehrgänge zur Fortbildung von Musikerziehern, Interpreten und
   Studierenden,
b) Schülerkonzerte und Wettbewerbe,
c) zeitgenössisches Musikschaffen,
d) schuldlos in Not geratene Musikschaffende.

Der Verein kann sich zur Durchführung seiner Aufgaben anderer als
Erfüllungsgehilfen bedienen.

Der Verein verfolgt somit ausschließlich und unmittelbar gemeinnützige
Zwecke im Sinne des Abschnitts »steuerbegünstigte Zwecke« der Abga-
benordnung. Er ist selbstlos tätig; er verfolgt nicht in erster Linie eigen-

164

wirtschaftliche Zwecke. Mittel des Vereins dürfen nur für satzungsgemäße Zwecke verwendet werden. Die Mitglieder erhalten keine Zuwendungen aus Mitteln des Vereins. Es darf keine Person durch Ausgaben, die dem Zweck des Vereins fremd sind, oder durch unverhältnismäßig hohe Vergütungen begünstigt werden.

Der Mitgliedsbeitrag für ordentliche Mitglieder beträgt DM 500,- jährlich. Darüber hinaus heißt natürlich der Verein jede Spende sehr willkommen. Sehr häufig nützen dem Verband nahestehende Personen, um zweckgebundene Projekte des Bundesverbandes zu unterstützen, insbesondere Konzerte.

4.3.5. Sponsoren

Sponsoring ist heute eine gängige Art der Kulturunterstützung, die ihren Ursprung in den Vereinigten Staaten hat, wo die Finanzierung des Kulturlebens nicht gesetzesmäßig verankert ist.

Sponsoring bedeutet gegenseitige Unterstützung von Partnern, kann finanzieller Art sein, aber auch aus der Wirtschaft durch Sachleistungen erbracht werden.

Zwei der bedeutendsten Sponsor-Partner des Deutschen Tonkünstlerverbandes sind die Mannheimer Versicherung und die Vereinte Versicherung. Nicht nur, daß Gruppenversicherungsverträge mit beiden Partnern existieren, wodurch für verschiedenste Versicherungsleistungen äußerst günstige Beitragskonditionen für die Mitglieder des Deutschen Tonkünstlerverbandes erreicht wurden, sondern umgekehrt kommt der Bundesverband dadurch, daß er sich öffentlich als Partner dieser beiden Versicherungen darstellt, in den Genuß von Sachleistungen und finanziellen Zuschüssen.

Eine besondere Art von Sponsoring stellt das Projekt der Sinfonia-Viva-Konzertreihe dar. Als Pilotprojekt in Bayern gestartet, findet es nun ein erstes Pendant in Berlin. Die Firma Siemens-Forum stellt für Konzerte zeitgenössischer Musik kostenlos ihren Vortragssaal einschließlich Personal zur Verfügung und erreicht dabei neue Interessenten für das Siemens-Forum und damit gezielt Werbung für die Firma Siemens. Umgekehrt ist durch den bundesweiten Versand der Kulturprospekte der Firma Siemens-Forum, in denen jeweils die Konzerte des Tonkünstlerverbandes aufgeführt sind, eine durch den Deutschen Tonkünstlerverband nie zu leistende kontinuierliche Werbemaßnahme gewährleistet.

4.4. Zusammenarbeit und Präsenz in anderen Institutionen und Verbänden

➤ Arbeitsgemeinschaft der Musikerzieher Österreichs AGMÖ

➤ Arbeitsgemeinschaft »Herausforderung der Informationsgesellschaft für die Bildung / Medienkompetenz« des Deutschen Kulturrates

➤ Arbeitsgemeinschaft Musikberufe im Deutschen Musikrat (Leitung)

➤ Arbeitsgemeinschaft Musikerziehung und Musikpflege AGMM (Gründungsmitglied, Leitung)

➤ Arbeitskreis der Vorsitzenden musikpädagogischer Verbände (Mitgliederversammlung)

➤ Arbeitsgemeinschaft Musikpädagogen südeuropäischer Länder ARGE-Süd

➤ Bayerischer Musikrat BMR (Präsidium)

➤ Bayerisches Staatsministerium für Unterricht, Kultus, Wissenschaft und Kunst (Fachausschüsse)

➤ Bundesakademie für musikalische Jugendbildung Trossingen (Mitgliederversammlung)

➤ Bundesarbeitsministerium (Fachausschüsse)

➤ Bundesministerium des Innern (Fachausschüsse)

➤ Bundesministerium für Familie, Senioren, Frauen und Jugend (Fachausschüsse)

➤ Bundeswettbewerb Gesang (Gründungsmitglied / Ehrenpräsidium / Mitträger des Gesamtprojektes / Ausführung der Vorentscheide)

➤ Bundeswirtschaftsministerium (Fachausschuß)

➤ Deutsche Gesellschaft für Musiktherapie (Mitgliederversammlung)

➤ Deutsche Sektion des Internationalen Musikrates (Gründungsmitglied)

➤ Deutscher Komponistenverband

➤ Deutscher Kulturrat (Fachausschüsse / Plenum)

➤ Deutscher Musikrat (Präsidiumsmitglied / Mitgliederversammlung)

➤ Deutsch-Österreichisch-Schweizerische Studientagungen

- European Association for Schoolmusic EAS (Gründungsmitglied)
- European Music Council (EMC)
- European Research on Musiceducation ERME (Initiator)
- Fachausschuß für Frauen im Kultur- und Medienbetrieb des Deutschen Kulturrates (Mitglied)
- Fachausschuß für Hochbegabte des Hauptausschusses »Jugend musiziert« des Deutschen Musikrates (Mitglied)
- Fachausschuß Musikberufe des Deutschen Musikrates (Mitglied)
- Fachausschuß Musikpädagogik des Deutschen Musikrates (Mitglied)
- Festspiele Europäische Wochen in Passau (Vorstand)
- FORUM INFO 2000 (AG 4: Herausforderungen der Informationsgesellschaft für die Bildung/Medienkompetenz)
- GEMA
- GEMA-Stiftung
- Gesellschaft für Neue Musik (Mitgliederversammlung)
- Hanns-Seidel-Stiftung e.V.
- Institut für Neue Musik (Mitgliederversammlung)
- Internationale Gesellschaft für Musikerziehung ISME (Delegiertenversammlung)
- Jugend musiziert (Gründungsmitglied / Hauptausschuß / Landesausschuß / Regionalausschüsse)
- Künstlersozialkasse (Beirat)
- Musik + Tanz + Erziehung, Orff-Schulwerk-Gesellschaft in der Bundesrepublik Deutschland (Mitgliederversammlung)
- Niederrhein Symposion für Neue Musik – Nordrhein-Westfalen (Mitträger)
- Schweizerischer Musikpädagogischer Verband SMPF
- Verband Deutscher Musikschulen
- Verband Deutscher Schulmusiker

4.5. Zeittafel

In der nachfolgenden Datenzusammenstellung sind alle bemerkenswerten Ereignisse des Deutschen Tonkünstlerverbandes aufgeführt. Um deutlich werden zu lassen, inwieweit der Verband direkt beteiligt an einzelnen Initiativen war, um den Verband als Kontinuum erscheinen zu lassen und um sich von anderen Verbänden abzuheben, wurde stets die Bezeichnung »Deutscher Tonkünstlerverband« verwendet. Bei allen Metamorphosen, die der Verbandsname seit 150 Jahren erlebt hat, änderten sich, trotz unterschiedlicher Bezeichnungen und Abkürzungen, die Satzungen und Ziele nur unwesentlich von den grundsätzlichen Bestrebungen und Forderungen. Zur Übersicht hier noch einmal die Bezeichnungen und Abkürzungen des Verbandes im Verlauf seiner Geschichte:

BTV   Berliner Tonkünstlerverein, 1844 gegründet
ODTK   In Zusammenarbeit stehende Ortsverbände Deutscher Tonkünstler, ab 1847
VDTV   Verband Deutscher Tonkünstlervereine, ab 1874
ZVDT   Zentralverband Deutscher Tonkünstler, ab 1903
RDTM   Reichsverband Deutscher Tonkünstler und Musiklehrer, ab 1922
VDTM   Verband Deutscher Tonkünstler und Musiklehrer, ab 1948
VLDTM   Vereinigung der Landesverbände Deutscher Tonkünstler und Musiklehrer, ab 1951
VDTM   Verband Deutscher Tonkünstler und Musiklehrer, ab 1958
VDMK   Verband Deutscher Musikerzieher und konzertierender Künstler, ab 1964
DTKV   Deutscher Tonkünstlerverband – Berufsverband für Musikberufe, ab 1993

Darüber hinaus wurden Daten anderer Verbände mit aufgenommen, so z.B. die des Allgemeinen Deutschen Musikvereins, da sich die Verbände untereinander wechselseitig befruchteten und sehr oft Musikschaffende in mehreren Verbänden Mitglied waren und auch in mehreren Verbänden gleichzeitig wichtige Persönlichkeiten Funktionen innehatten. Ähnlich ist es bei den Tonkünstlerfesten des ADMV. Obwohl der Deutsche Tonkünstlerverband seine eigenen musikalischen Aktivitäten durchführte, finden sich stets eine Reihe von Mitgliedern mit Werken und Uraufführungen in den Programmen der ADMV-Tonkünstlerfeste wieder.

Häufig sind auch Begriffsvermischungen festzustellen zwischen Tonkünstlervereinen und Vereinen des ADMV – ein Zeichen, wie sehr beide Verbände nach außen hin oft gleichgesetzt wurden.

Ziel der Darstellung in der recht umfangreichen Zeittafel ist, nicht nur musikalische Aktivitäten der Tonkünstler darzustellen, sondern vielmehr die kulturpolitische Bedeutung des Verbandes bei allen Fragen der deutschen Musikerziehung und der Musikpflege einerseits als auch bei der Förderung fachlicher, wirtschaftlicher und sozialer Belange des Musikberufsstandes zu verdeutlichen.

Zeittafel

14. Febr. 1844	Gründung des Berliner Tonkünstlervereins (BTV)
1844–1847	Gründung von Tonkünstlervereinen in Dresden, Frankfurt, Hamburg, Leipzig, München und Köln, jährlich stattfindende Veranstaltungen zum Gedankenaustausch und Tonkünstlerfeste
13./14.8.1847	Erste Versammlung deutscher Tonkünstler und Musikfreunde in Leipzig – Konzerte, Erörterung von Fachfragen der Musikberufe und Kulturpolitik
1847	Gründung der Neuen Berliner Musikzeitung als Publikationsorgan des Berliner Tonkünstlervereins
1847/48	»Denkschrift über die Reorganisation des Musikwesens in Deutschland« (Mitarbeiter: Flodoard Geyer, Theodor Kullak, Dr. Franz Commer, Dr. Otto Lange, Otto Nicolai, Ernst Hentschel)
17.5.1848	»Der Ruf unserer Zeit an die Musiker« – öffentliche Kritik an der mangelhaften Musikkultur durch Bernhard Adolf Marx
14. Juli 1848	Erlaß des Preußischen Ministeriums für die Geistlichen, Unterrichts- und Medizinalangelegenheiten: Reorganisation der Kgl. Akademie der Künste Berlin
1851	Gründung des Stern'schen Konservatoriums in Berlin auf Initiative des Berliner Tonkünstlervereins
1854	Gründung des Vereins zur Aufführung älterer kirchlicher Vokalwerke durch Carl Riedel
1.–4.6.1859	Tonkünstlerversammlung in Leipzig
1861	Gründung des Allgemeinen Deutschen Musikvereins (ADMV), 1. Tonkünstlerfest in Weimar des ADMV
1861	2. Tonkünstlerversammlung und -fest des Allgemeinen Deutschen Musikvereins in Weimar

1862–66	Überlegungen, sich dem »Allgemeinen Deutschen Musikverein« anzuschließen – wegen neudeutscher Färbung abgelehnt
1864	3. Tonkünstlerversammlung und -fest des Allgemeinen Deutschen Musikvereins in Karlsruhe
1864	Pensionskasse des Tonkünstlervereins wird durch 300 Taler aus dem Nachlaß von Giacomo Meyerbeer gestärkt
1865	4. Tonkünstlerversammlung und -fest des Allgemeinen Deutschen Musikvereins in Dessau
1865	2. Denkschrift »Die Organisation des Musikwesens durch den Staat« unter Mitarbeit des Tonkünstlerverbandes
1866	Otto Nicolai – Biographie, herausgegeben vom Berliner Tonkünstlerverein
1867	5. Tonkünstlerversammlung und -fest des Allgemeinen Deutschen Musikvereins in Meiningen
1867–1872	Eigene Beilage des Berliner Tonkünstlervereins in der neuen Musikzeitung »Echo«
1868	6. Tonkünstlerversammlung und -fest des Allgemeinen Deutschen Musikvereins in Altenburg
1868	Eingabe des Berliner und Leipziger Tonkünstlervereins an den Norddeutschen Reichstag über die musikalische Tantiemenpflicht
1869	7. Tonkünstlerversammlung und -fest des Allgemeinen Deutschen Musikvereins in Leipzig
10.–12.7.1869	Tonkünstlerversammlung in Leipzig (Generalversammlung)
1869	Gründung der Musikhochschule in Berlin
1869	Erste Forderung der Tonkünstlervereine nach einer staatlichen Schulmusikerprüfung
1870	8. Tonkünstlerversammlung und -fest des Allgemeinen Deutschen Musikvereins in Weimar
1870	Gründung der »Beethoven-Stiftung« des Allgemeinen Deutschen Musikvereins
1871	9. Tonkünstlerversammlung und -fest des Allgemeinen Deutschen Musikvereins in Magdeburg
1871	Ernennung Franz Liszt zum Ehrenmitglied aufgrund jahrzehntelanger Förderung der Tonkünstlervereine
1871	Ablehnung des Antrags auf Ehrenmitgliedschaft von Richard Wagner
1872	10. Tonkünstlerversammlung und -fest des Allgemeinen Deutschen Musikvereins in Kassel

1873	11. Tonkünstlerversammlung und -fest des Allgemeinen Deutschen Musikvereins in Leipzig
1874	Offizieller Zusammenschluß der Tonkünstlervereine Berlin, Hamburg, Leipzig und München »Verband deutscher Tonkünstlervereine« ohne Registereintrag – VDTV
1874	Gründung des Zentralverbandes Deutscher Tonkünstler mit Sitz in Berlin
8. Okt. 1874	Herausgabe des ersten Verbandsorgans »Harmonie« (Zentralverband)
1874–1880	Herausgabe einer verbandseigenen Zeitschrift »Harmonie«
1874	12. Tonkünstlerversammlung und -fest des Allgemeinen Deutschen Musikvereins in Halle
1876	13. Tonkünstlerversammlung und -fest des Allgemeinen Deutschen Musikvereins in Altenburg
1877	14. Tonkünstlerversammlung und -fest des Allgemeinen Deutschen Musikvereins in Hannover
1878	15. Tonkünstlerversammlung und -fest des Allgemeinen Deutschen Musikvereins in Erfurt
1878 (–1922)	Herausgabe der Musikpädagogischen Zeitschrift »Der Klavier-Lehrer« durch den Deutschen Tonkünstlerverband
1879	16. Tonkünstlerversammlung und -fest des Allgemeinen Deutschen Musikvereins in Wiesbaden
1880	17. Tonkünstlerversammlung und -fest des Allgemeinen Deutschen Musikvereins in Baden-Baden
1881	18. Tonkünstlerversammlung und -fest des Allgemeinen Deutschen Musikvereins in Magdeburg
1881	Kompositionswettbewerb des Tonkünstlerverbandes für die Gattung Klavierquartett, dessen Preisträger unter 24 anonymen Bewerbern Richard Strauß war
1882	19. Tonkünstlerversammlung und -fest des Allgemeinen Deutschen Musikvereins in Zürich
1883	20. Tonkünstlerversammlung und -fest des Allgemeinen Deutschen Musikvereins in Leipzig
1884	21. Tonkünstlerversammlung und -fest des Allgemeinen Deutschen Musikvereins in Weimar
1885	22. Tonkünstlerversammlung und -fest des Allgemeinen Deutschen Musikvereins in Karlsruhe
1886	23. Tonkünstlerversammlung und -fest des Allgemeinen Deutschen Musikvereins in Sondershausen

1887	Gründung der Franz-Liszt-Stiftung des Allgemeinen Deutschen Musikvereins
1887	24. Tonkünstlerversammlung und -fest des Allgemeinen Deutschen Musikvereins in Köln
1888	25. Tonkünstlerversammlung und -fest des Allgemeinen Deutschen Musikvereins in Dessau
1889	26. Tonkünstlerversammlung und -fest des Allgemeinen Deutschen Musikvereins in Wiesbaden
1889	Gründung der Mansouroff-Stiftung des Allgemeinen Deutschen Musikvereins
1890	27. Tonkünstlerversammlung und -fest des Allgemeinen Deutschen Musikvereins in Eisenach
1890	Gründung der »Freien Musikalischen Vereinigung« (Förderung zeitgenössischer Kompositionen) durch Philipp Roth
1891	28. Tonkünstlerversammlung und -fest des Allgemeinen Deutschen Musikvereins in Berlin
1893	Gründung der Hermann-Stiftung des Allgemeinen Deutschen Musikvereins
1893	29. Tonkünstlerversammlung und -fest des Allgemeinen Deutschen Musikvereins in München
1894	30. Tonkünstlerversammlung und -fest des Allgemeinen Deutschen Musikvereins in Weimar
1895	31. Tonkünstlerversammlung und -fest des Allgemeinen Deutschen Musikvereins in Braunschweig
1896	32. Tonkünstlerversammlung und -fest des Allgemeinen Deutschen Musikvereins in Leipzig
1897	Gründung des Reichsverbandes der Deutschen Musiklehrerinnen
1897	33. Tonkünstlerversammlung und -fest des Allgemeinen Deutschen Musikvereins in Mannheim
1898	1. Prager Maifestspiele unter Mitwirkung zahlreicher deutscher Tonkünstler
1898	Gründung der Genossenschaft deutscher Komponisten, initiiert durch R. Strauß
1898	34. Tonkünstlerversammlung und -fest des Allgemeinen Deutschen Musikvereins in Mainz
1899	Zusammenschluß der durch Adolf Göttmann gegründeten »Freien musikalischen Vereinigung« mit dem Berliner Tonkünstlerverein
1899	35. Tonkünstlerversammlung und -fest des Allgemeinen Deutschen Musikvereins in Dortmund

1900	36. Tonkünstlerversammlung und -fest des Allgemeinen Deutschen Musikvereins in Bremen
1901	37. Tonkünstlerversammlung und -fest des Allgemeinen Deutschen Musikvereins in Heidelberg
1902	Begründung der »Deutschen Tonkünstler-Zeitung« als verbandseigenes Organ
1902	1. »Musikpädagogischer Kongreß« in Berlin initiiert durch die Tonkünstlervereine
1902	38. Tonkünstlerversammlung und -fest des Allgemeinen Deutschen Musikvereins in Krefeld
1903	Gründung des Zentralverbandes Deutscher Tonkünstler (ZVDT) mit Registereintrag
1903	Gründung der Genossenschaft deutscher Tonsetzer, initiiert durch R. Strauß
1903	Gründung der Anstalt für musikalische Aufführungsrechte, initiiert durch R. Strauß
1903	39. Tonkünstlerversammlung und -fest des Allgemeinen Deutschen Musikvereins in Basel
9.–11.6.1903	Einberufung eines Allgemeinen Deutschen Tonkünstler und Musikerdelegiertentages in Berlin
11.6.1903	Zusammenschluß des Berliner Tonkünstlervereins, des Musiklehrer- und Musiklehrerinnenvereins von Köln, Leipzig und München und des Kölner Tonkünstlervereins
1904	40. Tonkünstlerversammlung und -fest des Allgemeinen Deutschen Musikvereins in Frankfurt/Main
24./25. 9.1904	Tonkünstlerversammlung in Köln (Generalversammlung) (RDTM)
1. Jan. 1905	Eröffnung der »Pensionsanstalt« (=Pensionsfonds) (ZDTM)
1905	41. Tonkünstlerversammlung und -fest des Allgemeinen Deutschen Musikvereins in Graz
1906	Erste große Musikfachausstellung in Berlin (Philharmonie) initiiert von den Tonkünstlervereinen – Vorläufer der Frankfurter Musikmesse
1906	42. Tonkünstlerversammlung und -fest des Allgemeinen Deutschen Musikvereins in Essen
5.–20. 5.1906	Erste Musikfachausstellung (ZDTM)
8. Sept. 1906	Tonkünstlerversammlung in München (Generalversammlung) (ZDTM)
1907	Tonkünstlerversammlung in Frankfurt a. M. (Generalversammlung) (ZDTM)

1907	43. Tonkünstlerversammlung und -fest des Allgemeinen Deutschen Musikvereins in Dresden
1907	Gründung der Frankfurter Tonkünstlervereinigung, bestehend aus der »Musikgruppe Frankfurt a. M. der Musiksektion des Allgemeinen Deutschen Lehrerinnen Verbandes«, »Verein Frankfurter Musiklehrer« und »Frankfurter Chordirigentenverband«
3.10.1907	Gründung der Musikgruppe Kiel im »Verband der Deutschen Musiklehrerinnen«
1908	Gründung eines englischen Tonkünstlervereins
1908	44. Tonkünstlerversammlung und -fest des Allgemeinen Deutschen Musikvereins in München
Mai 1908	Gründung des Frankfurter Tonkünstlervereins
2. Juni 1908	9. Schweizer Tonkünstlerfest
Pfingsten 1908	4. Musikpädagogischer Kongreß in Berlin veranstaltet durch den Berliner Tonkünstlerverein
1909	Musikfachmesse des Deutschen Tonkünstlerverbandes in Leipzig (Kristallpalast)
1909	45. Tonkünstlerversammlung und -fest des Allgemeinen Deutschen Musikvereins in Stuttgart
Juni 1909	2. Musikfachausstellung unter dem Protektorat König Friedrich August von Sachsen im Leipziger Kristallpalast (ZDTM)
Sept. 1910	Tonkünstlerversammlung (Generalversammlung) in Krefeld Beitritt des »Musikpädagogischen Verbandes zu Krefeld« und des »Vereins sächsischer Musikschuldirektoren«
1910	46. Tonkünstlerversammlung und -fest des Allgemeinen Deutschen Musikvereins in Zürich
1911	47. Tonkünstlerversammlung und -fest des Allgemeinen Deutschen Musikvereins in Heidelberg
1911	Gründung des Würzburger Musiklehrerinnenvereins
1911–1919	Beitritt folgender Vereinigungen zum Tonkünstlerverband (ZDTM): »Verein akademisch gebildeter Musiklehrer und Lehrerinnen zu Trier«, »Pädagogische Vereinigung von Düren«, »Pädagogische Vereinigung von Solingen«, »Verband der Direktoren Deutscher Konservatorien und Musikseminare e.V.«
1912	48. Tonkünstlerversammlung und -fest des Allgemeinen Deutschen Musikvereins in Danzig
1913	49. Tonkünstlerversammlung und -fest des Allgemeinen Deutschen Musikvereins in Jena

174

1913	Auflösung der »Pensionsanstalt« aufgrund des Inkrafttretens der reichsgesetzlichen Versicherungen
1914	50. Tonkünstlerversammlung und -fest des Allgemeinen Deutschen Musikvereins in Essen
1915	Gründung der Richard-Wagner-Stiftung des Allgemeinen Deutschen Musikvereins
20.11.1918	Tonkünstlerversammlung (Generalversammlung) (ZDTM)
1.12.1918	Versammlung des Allgemeinen Deutschen Musikvereins unter Teilnahme von: »Reichsverband Deutscher Tonkünstler«, »Verband der konzertierenden Künstler Deutschlands«, »Genossenschaft Deutscher Tonsetzer«, »Musikpädagogischer Verband« u.a.
1.12.1918	Gründung der »Vereinigung der Berufsverbände der deutschen Tonkünstler«
1918 (–1932)	Berufung von Leo Kestenberg als Musikreferent ins preußische Kultusministerium
31.3. u. 3.4.1919	Gründung des Verbandes »Vereinigte Musikpädagogische Verbände – V. M. V.« durch Adolf Göttmann
1919	Erlaß zur Staatlichen Privatmusiklehrerprüfung (StMP) unter Mitarbeit des Tonkünstlerverbandes
1919	Veröffentlichung von Leo Kestenbergs Schrift »Musikerziehung und Musikpflege«
März 1919	Gründung des Augsburger Tonkünstlervereins
ca. 1920	Gründung des Hamburger Tonkünstlervereins
1920	Vereinigung des Musikpädagogischen Verbandes mit dem Deutschen Tonkünstlerverband
1920	51. Tonkünstlerversammlung und -fest des Allgemeinen Deutschen Musikvereins in Weimar
1921	52. Tonkünstlerversammlung und -fest des Allgemeinen Deutschen Musikvereins in Nürnberg
1./2. Juli 1922	Tonkünstlerversammlung in Frankfurt a. M. (Generalversammlung) (RDTM)
1922	53. Tonkünstlerversammlung und -fest des Allgemeinen Deutschen Musikvereins in Düsseldorf
1922	Fusion des »Reichsverbandes der Deutschen Musiklehrerinnen« und der »Organisation Deutscher Musiklehrkräfte«
1922	Umbenennung des Zentralverbandes Deutscher Tonkünstler in »Reichsverband Deutscher Tonkünstler und Musiklehrer e.V.« (RDTM) mit Sitz in Berlin aufgrund des Zusammenschlusses vom »Centralverband Deutscher Tonkünstler und Tonkünstlervereine«, der »Organisation

	Deutscher Musiklehrkräfte« und des »Reichsverbandes der Deutschen Musiklehrerinnen«.
1923	Gründung des Bremer Tonkünstlervereins
1923	54. Tonkünstlerversammlung und -fest des Allgemeinen Deutschen Musikvereins in Kassel
1924	Hauptversammlung des Deutschen Tonkünstlerverbandes (RDTM) in Dortmund
1924	Musikfachmesse des Deutschen Tonkünstlerverbandes in Berlin (Sportpalast)
1924	55. Tonkünstlerversammlung und -fest des Allgemeinen Deutschen Musikvereins in Frankfurt/Main
Okt. 1924	Tonkünstlerversammlung in Dortmund (General-versammlung) (RDTM)
1925	56. Tonkünstlerversammlung und -fest des Allgemeinen Deutschen Musikvereins in Kiel
2. Mai 1925	Erlaß über den Privatmusikunterricht in der Musik durch den preußischen Kultusminister
1926	Hauptversammlung des Deutschen Tonkünstlerverbandes (RDTM) in Halle
1926	Festliche Tagung des »Reichsverbandes Deutscher Tonkünstler und Musiklehrer« mit »1. Pädagogischem Tag«
1926	Gründung des Tonkünstlerverbandes Schleswig-Holstein
1926	Gründung des Würzburger Tonkünstlervereins
1926	57. Tonkünstlerversammlung und -fest des Allgemeinen Deutschen Musikvereins in Chemnitz
1927	58. Tonkünstlerversammlung und -fest des Allgemeinen Deutschen Musikvereins in Krefeld
1927	Musikfachmesse des Deutschen Tonkünstlerverbandes in Frankfurt/Main
1928	Hauptversammlung in Darmstadt: Vereinbarung zwischen dem Reichsverband Deutscher Tonkünstler und den Jödeschen Volksmusikschulen, die Honorarvorschriften des Tonkünstlerverbandes zur Anwendung zu bringen
1.–6.10.1928	Festwoche des Tonkünstlerverbandes anläßlich des 25-jährigen Jubiläums des Registereintrages von 1903
1928	59. Tonkünstlerversammlung und -fest des Allgemeinen Deutschen Musikvereins in Schwerin
1929	60. Tonkünstlerversammlung und -fest des Allgemeinen Deutschen Musikvereins in Duisburg
1930	Hauptversammlung des Deutschen Tonkünstlerverbandes (RDTM) in Dresden

176

1930	Gründung der »Arbeitsgemeinschaft der Deutschen Musikverbände« (einschließlich Verbände der Musikwirtschaft) durch Arnold Ebel – Vorläufer des Deutschen Musikrates
1930	61. Tonkünstlerversammlung und -fest des Allgemeinen Deutschen Musikvereins in Königsberg
Okt. 1930	Tonkünstlerversammlung in Dresden (Generalversammlung) (RDTM)
1931	62. Tonkünstlerversammlung und -fest des Allgemeinen Deutschen Musikvereins in Bremen
1932	»Cäcilientag« wird zum »Tag der Hausmusik«, initiiert durch den Tonkünstlerverband
1932	63. Tonkünstlerversammlung und -fest des Allgemeinen Deutschen Musikvereins in Zürich
1933	64. Tonkünstlerversammlung und -fest des Allgemeinen Deutschen Musikvereins in Dortmund
1.1.1934	Überführung des Reichsverbandes als Fachschaft III in die Reichsmusikkammer, mit seinen 10.000 Mitgliedern, 21 Provinzialverbänden und 200 Ortsgruppen
1934	65. Tonkünstlerversammlung und -fest des Allgemeinen Deutschen Musikvereins in Wiesbaden
1935	66. Tonkünstlerversammlung und -fest des Allgemeinen Deutschen Musikvereins in Hamburg
1936	67. Tonkünstlerversammlung und -fest des Allgemeinen Deutschen Musikvereins in Weimar, Jena, Eisenach
1937	68. Tonkünstlerversammlung und -fest des Allgemeinen Deutschen Musikvereins in Darmstadt, Frankfurt/Main
1938 (–1944)	Durchführung der ersten Reichsmusiktage in jährlicher Folge und Hausmusiktage nach dem Muster der Deutschen Tonkünstlerfeste und Hausmusiktage des Deutschen Tonkünstlerverbandes
1945	Wiedergründung des Hamburger Tonkünstlervereins
1945	Wiedergründung des Kieler Tonkünstlervereins
1945	Wiederaufnahme der Tätigkeit des Berliner Tonkünstlervereins
1946	Wiederherstellung des Verbandes Deutscher Tonkünstler und Musiklehrer in Nordrhein-Westfalen
1946	Wiedergründung des Münchner Tonkünstlerverbandes
Okt. 1947	Wiederbegründung des Bremer Tonkünstlerverbandes
1947	Gründung des Lübecker Tonkünstlervereins
1948	Wiederbegründung des Verbandes Deutscher Tonkünstler und Musiklehrer mit dem Untertitel »Offizielle

	Arbeitsgemeinschaft der Landesverbände« mit Sitz in Berlin (VDTM)
1948	Wiederbegründung der Landesverbände Schleswig-Holstein, Bayern, Baden-Württemberg, Rheinland-Pfalz
1949	Wiederbegründung der Landesverbände Hessen, Niedersachsen
1949	Gründung des Verbandes Deutscher Schulmusiker (VDS)
1950	Gründung der Arbeitsgemeinschaft für Musikerziehung und Musikpflege (AGMM) unter Mitarbeit des Deutschen Tonkünstlerverbandes
31.8.1951	Umbenennung in »Vereinigung der Landesverbände Deutscher Tonkünstler und Musiklehrer VLDTM«
Herbst 1952	Aufruf zur Notlage der Musikerziehung und Musikpflege
1952	Mitarbeit des Tonkünstlerverbandes bei der Einrichtung einer »Deutschen Sektion des Internationalen Musikrates« im Auftrag der »Deutschen UNESCO-Kommission (Berater: Vorsitzender des Tonkünstlerverbandes Dir. Carl Holtschneider, später Walter Michael Berten)
1952	Gründung des »Verbandes der Jugend- und Volksmusikschulen«
1953	Gründung des »Arbeitskreises für Schulmusik und allgemeine Musikpädagogik« (AfS)
1953	Erste Herausgabe des jährlich erscheinenden Tonkünstler-Kalenders mit über 100 Seiten Informationsmaterial zu musikalischen und kulturpolitischen Fachfragen
4.–8.10.1953	Tonkünstlertagung in Kassel, durchgeführt von den Landesverbänden Hessen, Nordrhein-Westfalen, Niedersachsen Zusammenarbeit mit den Kasseler Musiktagen
23.–29.9.1954	Allgemeine Deutsche Tonkünstlerversammlung/-fest in Bad Pyrmont und Lehrgang für Musikerziehung und Musiksoziologie, durchgeführt vom Deutschen Tonkünstlerverband
14.10.1954	Registereintrag des VLDTM
April 1955	1. Gesamtdeutsches Musikfest des Deutschen Tonkünstlerverbandes in Weimar
29.8.–3.9.1956	2. Gesamtdeutsches Musikfest in Coburg des Deutschen Tonkünstlerverbandes in Zusammenarbeit mit dem Verband Deutscher Komponisten und Musikwissenschaftler (VDK)

Juni 1958	Hauptversammlung des Tonkünstlerverbandes in Darmstadt Umbenennung in »Verband Deutscher Tonkünstler und Musiklehrer (VDTM)
1960	Durchführung des 1. Jugendklavierwettbewerbes des Deutschen Tonkünstlerverbandes
14.–17.9.1961	Präsidialsitzung des Tonkünstlerverbandes und Informations- und Arbeitstagung des Deutschen Musikrates im Internationalen Institut Schloß Mainau
24.–27.3.1962	Durchführung des 2. Klavierjugendwettbewerbes in Stuttgart des deutschen Tonkünstlerverbandes
Herbst 1963	Einleitung des 1. Wettbewerbs »Jugend musiziert« unter Beteiligung des Tonkünstlerverbandes, der »Musikalischen Jugend Deutschlands«, des »Verbandes der Jugend- und Volksmusikschulen« und des »Verbandes Deutscher Schulmusiker«
Jan./Febr. 1964	Durchführung der ersten Regionalwettbewerbe »Jugend musiziert«
März 1964	Durchführung der ersten Landeswettbewerbe »Jugend musiziert«
Juni 1964	1. Bundeswettbewerb »Jugend musiziert« in Berlin
6./7.6.1964	Umbenennung in »Verband Deutscher Musikerzieher und konzertierender Künstler« (VDMK) mit Sitz in Berlin
20.–22.11.1964	Delegiertenversammlung und Arbeitstagung des Tonkünstlerverbandes in Darmstadt
1964	Gründung des VDMK-Bundeswettbewerb Gesang in Berlin durch den Tonkünstlerverband für die Fächer Oper/Operette/Konzert
26.-30.5.1965	Durchführung des »Europianokongresses« – Internationalen Fachkongresses für Klavierinstrumente – in Zusammenarbeit mit dem »Bund Deutscher Klavierbauer«
1965	Präsenz des Tonkünstlerverbandes beim Internationalen Kongreß für Musikerziehung in Tokio
1965	Mitarbeit des Tonkünstlerverbandes bei der Neugestaltung des Urheberrechtsgesetzes
1966	Endgültige Konstituierung und kontinuierliche Durchführung des Wettbewerbs »Jugend musiziert«
1966	1. Rahmenvertrag mit der GEMA mit erheblichen Gebührenermäßigungen für den Bereich E-Musik allgemein
1967	Gründung des Landesverbandes Saarland

1967	Abschluß eines Gruppenvertrages zur Alters- und Hinterbliebenenversorgung und für eine Sterbegeldversicherung mit der Hamburg-Mannheimer Versicherung AG
1967	Herausgabe eines 1. Modells für bundeseinheitliche Unterrichtsverträge für Musiklehrer
1967	Einrichtung eines »Sozialausschusses« beim Deutschen Tonkünstlerverband
8.–16.7.1967	Deutsches Musikfest des Tonkünstlerverbandes in München
1968	Abschluß einer speziellen Musikinstrumentenversicherung mit der Mannheimer Versicherung AG
Mai 1968	1. Arbeitstagung der Präsidien des Deutschen Tonkünstlerverbandes (VDMK), des Schweizerischen Musikpädagogischen Verbandes (SMPV) und der Arbeitsgemeinschaft der Musikerzieher Österreichs (AGMÖ) in München
Februar 1969	2. Arbeitstagung der Deutsch-Österreichisch-Schweizerischen Studientagung (D-A-CH) in Wien
1970	1. Kassette der Schallplattenreihe »Deutsche Musik der Gegenwart« des Tonkünstlerverbandes in Zusammenarbeit mit der Deutschen Grammophon-Gesellschaft
1.–9.2.1970	Deutsches Musikfest des Tonkünstlerverbandes in Hannover
Februar 1970	3. Arbeitstagung D-A-CH in Winterthur
1971	Abschluß eines Gruppenvertrages zur Unfallvorsorgeversicherung mit der Hamburg-Mannheimer-Versicherungs AG
1971	Herausgabe der 2. Schallplatten-Kassette »Deutsche Musik der Gegenwart«
1972	Vertragsabschluß eines Tarifvertrages der Deutschen Angestellten Gewerkschaft für die der korporativ zugeführten angestellten Musiker und Musikerzieher des Deutschen Tonkünstlerverbandes, der allerdings bei der Vereinigung kommunaler Arbeitgeberverbände nicht berücksichtigt wurde
17.–19.3.1972	4. D-A-CH-Tagung in München
1972	Vorlage einer neuen Ausbildungs- und Prüfungsordnung für Musiklehrer unter Mitarbeit des Tonkünstlerverbandes
1972	Gründung der »Bundesakademie für musikalische Jugendbildung« in Trossingen

180

1973	Erstmals »Bundesseiten« als Verbandsnachrichten in der Neuen Musikzeitung (NMZ)
30.3.–1.4.1973	5. D-A-CH-Tagung in Graz
27.4.–1.5.1974	6. D-A-CH-Tagung in Bigorio/Lugano
15.–21.6.1974	Deutsches Musikfest des Tonkünstlerverbandes in Stuttgart und Sindelfingen
1975	Tochtergründung der »Gewerkschaft deutscher Musikerzieher und konzertierender Künstler« innerhalb der Gewerkschaft Kunst
1.5.–4.5.1975	7. D-A-CH-Tagung in Trossingen
14.5.–16.5.1976	8. D-A-CH-Tagung in Gmunden
22.–24.4.1977	9. D-A-CH-Tagung in Rohrschach
1977	Gründung des VDMK-Bundeswettbewerbs Gesang für die Fächer Musical-Chanson-Song durch den Tonkünstlerverband
27.4.–1.5.1978	10. D-A-CH-Tagung in Trossingen
1979	2. Rahmenvertrag mit der GEMA mit erheblichen Gebührenermäßigungen, erweitert um Ermäßigungen bei Schüler- und Lehrerkonzerten
1979	Einführung der kostenlosen Rechtsberatung für Mitglieder
1979	Abschluß eines Gruppenversicherungsvertrages für eine musikerspezifische Spezialunfallversicherung mit der Mannheimer Versicherung AG
27.–30.4.1979	11. D-A-CH-Tagung in Zell a.d.Pram
1980	Einrichtung des Manuskriptearchivs des Deutschen Tonkünstlerverbandes für seine Mitglieder zur Pflege und Verbreitung unveröffentlichter Kompositionen
1980	Pauschalabkommen des Deutschen Tonkünstlerverbandes mit der Vereinigten Versicherungsgruppe für Berufshaftpflicht-, Veranstaltungs- und Vereinshaftpflicht
30.4.–3.5.1980	12. D-A-CH-Tagung in Delemont
30.4.–3.5.1981	13. D-A-CH-Tagung in Hammelburg
29.4.–2.5.1982	14. D-A-CH-Tagung in Lochau/Bregenz
1983	Erhebliche Mitarbeit des Deutschen Tonkünstlerverbandes zur Einführung des Künstlersozialversicherungsgesetzes
28.4.–1.5.1983	15. D-A-CH-Tagung in Luzern
1984	3. Rahmenvertrag mit der GEMA mit erheblichen Gebührenermäßigungen
27.4.–1.5.1984	16. D-A-CH-Tagung in Marktoberdorf
1.–4.5.1985	17. D-A-CH-Tagung in Gmunden am Traunsee

1.–4.5.1986	18. D-A-CH-Tagung in Bloney/Schweiz
1987	Erste Produktion von Videos unter dem Titel »MMM – Mit Meistern Musizieren«
30.4.–3.5.1987	19. D-A-CH-Tagung in Regensburg
28.4.–1.5.1988	20. D-A-CH-Tagung in Golling/Österreich
28.4.–1.5.1989	21. D-A-CH-Tagung in Solothurn
11.11.1990	Erweiterung des Verbandsnamens auf »Deutscher Tonkünstlerverband – Verband Deutscher Musikerzieher und konzertierender Künstler e.V.«
28.4.–1.5.1990	22. D-A-CH-Tagung in Passau
1991	Gründung des »Fünf-Länder-Verbandes« in Weimar – Gesamtverband der neuen Bundesländer
28.4.–1.5.1991	23. D-A-CH-Tagung in Schloß Zeillern/Österreich
30.4.–3.5.1992	24. D-A-CH-Tagung in Tramelan/Schweiz
9.5.1993	Umstrukturierung des VDMK in einen Bundesverband nach föderalistischem Prinzip
	Umbenennung in »Deutscher Tonkünstlerverband« (DTKV)
1993	4. Rahmenvertrag mit der GEMA mit erheblichen Gebührenermäßigungen, erweitert auf den Bereich U-Musik
23.01.1993	Gründung des Landesverbandes Sachsen
5.7.1994	Gründung des Landesverbandes Brandenburg
29.4.–2.5.1993	25. D-A-CH-Tagung in Kloster Banz
1994	Rahmenabkommen mit der Vereinten Versicherung über die Kooperation bei der Vermittlung von Kranken-, Lebens-, Leib- und Komposit-Versicherungen
24.–27.2.1994	26. D-A-CH-Tagung in Kloster Aldersbach
2.–5.3.1995	1. Kongreß Musikpädagogischer Forschung in Europa in Zusammenarbeit mit der Universität Passau
27.–29.10.1995	Deutsch-Österreichische Seminartagung in Weinberg in Zusammenarbeit mit der Hanns-Seidel-Stiftung
25.11.1995	Gründung des Landesverbandes Mecklenburg-Vorpommern
1995	Abschluß eines Gruppenvertrages für eine Rechtsschutzversicherung mit der Vereinten Versicherung
6.–8.10.1995	27. D-A-CH-Tagung in St. Georgen am Längsee
1995	1. CD der Reihe des Deutschen Tonkünstlerverbandes »Zeitgenössische Musik«
1996	Gründung des Landesverbandes Thüringen
1996	Einrichtung eines Nachlaß-Manuskriptarchivs zur Aufbewahrung unveröffentlichter Kompositionen von Verbandsmitgliedern

3.–6.10.1996	28. D-A-CH-Tagung in Bürgenstock/Schweiz
1996	2. CD der Reihe des Deutschen Tonkünstlerverbandes »Zeitgenössische Musik«
22.–26.10.1997	Durchführung des 3. Gesamtdeutschen Musikfestivals mit Großveranstaltungen in Weimar, Detmold, Hamburg, Stuttgart und Bad Füssing – insgesamt 100 Veranstaltungen in den 16 Bundesländern
1997	Gründung des Landesverbandes Sachsen-Anhalt
1.–4.5.1997	29. D-A-CH-Tagung in Regensburg
1997	Herausgabe des ersten Bandes der Buchreihe des Deutschen Tonkünstlerverbandes »Komponisten als Interpreten«

ANHANG

I.   Bibliographie

Abendroth, Hermann (Hrsg.): Nachrichtendienst der Fachschaft Musikerziehung in der Reichsmusikkammer Jhrg. 2, Nr. 9. Berlin 1937.

Bekker, Paul: Das deutsche Musikleben, Berlin 1922[3]

Blessinger, Karl: Die musikalischen Probleme der Gegenwart und ihre Lösung, Stuttgart 1919.

Boettcher, Hans: Zur Gegenwartslage der Berufsorganisation der deutschen Tonkünstler und Musiklehrer. In: Musik und Unterricht 10/1953. Mainz 1953.

Boetticher, Wolfgang: Brendel, Karl Franz. In: Blume, Friedrich (Hrsg.): Musik in Geschichte und Gegenwart. Bd. 2. Kassel 1952.

Braun, Gerhard: Hentschel, Ernst Julius. In: Blume, Friedrich (Hrsg.): Musik in Geschichte und Gegenwart. Bd. 6. Kassel 1958.

ders.: Kestenberg, Leo. In: Friedrich Blume (Hrsg.): Musik in Geschichte und Gegenwart. Bd. 7. Kassel 1958.

Brendel, Franz: Die Organisation des Musikwesens durch den Staat, Leipzig 1865.

Bundesministerium für Wirtschaft (Hrsg.): Witschaftspolitik für Kunst und Kultur, Bonn 1996.

Deutscher Kulturrat: Konzeption kultureller Bildung, Bonn 1988.

Deutscher Kulturrat: Erster Bericht zur Kulturpolitik 1987/88, Bonn 1988.

Deutscher Tonkünstlerverband: Katalog des Manuskripte-Archivs des Deutschen Tonkünstlerverbandes. München 1994[4], 1997[5].

ders.: Tonkünstlerkalender 1995, 1996, 1997. Frankfurt.

Deutscher Musikrat: Musikalmanach 1993/94. Kassel 1993.

Deutscher Musikrat: Zielsetzungen und Aufgaben, 1990.

Ebel, Arnold: Eine öffentlich-rechtliche Kammer der deutschen Musiker. In: Musik und Unterricht 10/1953. Mainz 1953.

ders.: Zur Entwicklung der musikalischen Organisation. In: Tonkünstlerkalender. Berlin 1957.

ders.: Begrüßung und Einführung mit besonderem Bezug auf den »Pädagogischen Tag«. In: Festbuch zur Hauptversammlung des Reichsverbandes Deutscher Tonkünstler und Musiklehrer. Halle/Saale 1926.

ders.: Festschrift zum 25. Bestehen des RDTM, Berlin 1928.

ders.: Privatmusikerziehung. Berlin 1964².

Eckhardt, Andreas: Deutscher Musikrat. In: Helmut Hopf, Walter Heise, Siegmund Helms (Hrsg.): Lexikon der Musikpädagogik. Regensburg 1986².

Eckhardt, A. / Jakoby, R. / Rohlfs, E. (Hrsg.): Musik-Almanach 1993/94, Kastel-Regensburg 1992.

Eckhardt, A. / Jakoby, R. / Rohlfs, E. (Hrsg.): Musik-Almanach 1986/87, Kastel-Regensburg 1986.

Eckhardt, Andreas / Sass, Herbert: 40 Jahre Deutscher Musikrat, Regensburg 1993.

Fischer, Hans (Hrsg.): Handbuch der Musikerziehung. Berlin 1964.

ders.: 50 Jahre VDTM. In: Musik und Unterricht. 10/1953. Mainz 1953.

Fohrbeck, K. / Wiesand, A. (Hrsg.): Musik–Statistik–Kulturpolitik, Köln 1982.

Frank, Paul / Altmann, Wilhelm: Kurzgefaßtes Tonkünstler-Lexikon. Willhelmshaven 1936¹⁵.

Gieseler, Walter: Bundesfachgruppe Musikpädagogik. In: Helmut Hopf, Walter Heise, Siegmund Helms (Hrsg.): Lexikon der Musikpädagogik. Regensburg 1986².

Günther, Ulrich: Kestenberg-Reform. In: Helmut Hopf, Walter Heise, Siegmund Helms (Hrsg.): Lexikon der Musikpädagogik. Regensburg 1986².

Heise, Walter: Der Verband Deutscher Musikerzieher und konzertierender Künstler (VDMK). In: Helmut Hopf, Walter Heise, Siegmund Helms (Hrsg.): Lexikon der Musikpädagogik. Regensburg 1986².

Helms, Siegmund: Verband Deutscher Schulmusikerzieher. In: Helmut Hopf, Walter Heise, Siegmund Helms (Hrsg.): Lexikon der Musikpädagogik. Regensburg 1986².

Helms, Siegmund / Schneider, Reinhard / Weber, Rudolf: Neues Lexikon der Musikpädagogik. Kassel 1994.

Hohmann, Manfred: Musik und Steuerrecht, Bonn 1983.

Hopf, Helmut: Musische Bildung. In: Helmut Hopf, Walter Heise, Siegmund Helms (Hrsg.): Lexikon der Musikpädagogik. Regensburg 1986[2].

ders.: Tagungen. In: Helmut Hopf, Walter Heise, Siegmund Helms (Hrsg.): Lexikon der Musikpädagogik. Regensburg 1986[2].

ders.: Zur Geschichte des Musikunterrichts. In: Siegmund Helms, Helmut Hopf, Erich Valentin (Hrsg.): Handbuch der Schulmusik. Regensburg 1985.

Jöde, Fritz: Das schaffende Kind in der Musik. Berlin 1928.

ders.: Musikschulen für Jugend und Volk. Ein Gebot der Stunde. Leipzig 1928[2].

Kaminiarz, Irina: Richard Strauß: Briefe aus dem Archiv des Allgemeinen Deutschen Musikvereins (1888–1909), Weimar, Köln, Wien 1995.

Kestenberg, Leo: Bewegte Zeiten. Wolfenbüttel/Zürich 1961.

ders.: Jahrbuch der deutschen Musikorganisation 1931. Berlin 1931.

Kretschmar, Hermann: Über den Stand der öffentlichen Musikpflege in Deutschland. In: Sammlung musikalischer Vorträge, herausgegeben von Paul Graf Waldersee, Dritte Reihe, Leipzig 1881. S. 209 ff.

ders.: Die Ausbildung der deutschen Fachmusiker, Eine musikalische Zeitfrage. In: Gesammelte Aufsätze über Musik und Anderes, Band 2, Leipzig 1911, S. 120 ff.

ders.: Chorgesang, Sängerchöre und Chorvereine. In: Sammlung musikalischer Vorträge, herausgegeben von Paul Graf Waldersee, 1. Serie, Leipzig 1879, S. 371 ff.

ders.: Volkskonzerte. In: Gesammelte Aufsätze über Musik und Anderes, Band 1, Leipzig 1910, S. 301 ff.

Krützfeldt, Werner: Der Arbeitskreis für Schulmusik und allgemeine Musikpädagogik (AfS). In: Helmut Hopf, Walter Heise, Siegmund Helms (Hrsg.): Lexikon der Musikpädagogik. Regensburg 1986[2].

Lange, Otto: Die Musik als Unterrichtsgegenstand in Schulen neben den wissenschaftlichen Lehrzweigen. Berlin 1841.

Liszt, Franz: De la situation des artistes. In: Gazette musicale de Paris. Paris 1835.

Marpurg, Friedrich Wilhelm: Anleitung zur Musik überhaupt, und zur Singkunst insbesonders Berlin 1763. Repr. Neudr. Leipzig 1975.

Marx, Bernhard Adolf: Der Ruf unsere Zeit an die Musiker. In: Neue Berliner Musikzeitung 17.5.1848.

Matzke, Hermann: Musikökonomik und Musikpolitik, Grundzüge einer Musikwirtschaftslehre. Breslau 1927.

Mersmann, Hans: Musikgeschichte in der abendländischen Kultur. Kassel/Basel/London o. J.

Moser, Hans-Joachim: Geschichte der deutschen Musik. 3 Bände. Hildesheim 1968.

ders.: Geschichte der deutschen Musik, Band 3, 2. Aufl. Stuttgart und Berlin 1928[2].

ders.: Musiklexikon. Hamburg 1951.

ders. Zur Geschichte des Berliner Tonkünstler-Vereins. In: Musik im Unterricht 2/1956. Mainz 1956.

Reckziegel, Walter: Singschulen. In: Helmut Hopf, Walter Heise, Siegmund Helms (Hrsg.): Lexikon der Musikpädagogik. Regensburg 1986[2].

Rohlfs, Eckart (Hrsg.): Invention und Durchführung – 25 Jahre Wettbewerbe »Jugend musiziert«, München 1991.

Rohlfs, Eckart (Hrsg.): Handbuch der Musikberufe, Studium, Berufsbilder, Regensburg 1988.

Roske, Michael: Zur sozialen Rolle des außerschulischen Musiklehrers im 18. Jahrhundert. In: Behne, Klaus-Ernst (Hrsg.): Musikpädagogische Forschung. Bd. 1 o. O. 1990.

Rutz, Hans: 75 Jahre Allgemeiner Deutscher Musikverein. Weimar 1936.

Sass, Herbert (Red.): 30 Jahre Deutsche Stiftung Musikleben 1962–92, o. O. 1992

Schermall, Herbert: Berufs- und Standesfragen auf der VLDTM-Tagung in Kassel. In: Musik und Unterricht. 12/1953. Mainz 1953.

Schmidt, Hans-Christian: Der Arbeitskreis Musikpädagogische Forschung. In: Helmut Hopf, Walter Heise, Siegmund Helms (Hrsg.): Lexikon der Musikpädagogik. Regensburg 1986[2].

Schmidt-Thomas, Reinhold: Kongreßberichte/Festschriften. In: Helmut Hopf, Walter Heise, Siegmund Helms (Hrsg.): Lexikon der Musikpädagogik. Regensburg 1986[2].

Seidl, Arthur: Festschrift zum 50-jährigen Bestehen des Allgemeinen Deutschen Musikvereins. Berlin 1911.

Stege, Fritz: Zur Geschichte des »Reichsverbandes«. In: Festbuch zur Hauptversammlung des Reichsverbandes Deutscher Tonkünstler und Musiklehrer. Halle/Saale 1926.

Storck, Karl: Musik-Politik, Stuttgart 1911.

Sulz, Josef: Die Internationale Gesellschaft für Musikerziehung (International Society for Music Education [ISME]). In: Helmut Hopf, Walter Heise, Siegmund Helms (Hrsg.): Lexikon der Musikpädagogik. 1986[2].

Valentin, Erich / Gebhardt, Wilhelm /Vetter, Hans-Joachim: Handbuch des Musikunterrichts. Regensburg 1970.

Vetter, Hans-Joachim: »Jugend musiziert«. In: Helmut Hopf, Walter Heise, Siegmund Helms (Hrsg.): Lexikon der Musikpädagogik. Regensburg 1986[2].

ders.: Außerschulische Musikerziehung. In: Helmut Hopf, Walter Heise, Siegmund Helms (Hrsg.): Lexikon der Musikpädagogik. Regensburg 1986[2].

ders.: Die Tonkünstlerverbände 1844–1984. Regensburg 1984.

ders.: Jugendmusikpflege. In: Helmut Hopf, Walter Heise, Siegmund Helms (Hrsg.): Lexikon der Musikpädagogik. Regensburg 1986[2].

ders.: Musikschule. In: Helmut Hopf, Walter Heise, Siegmund Helms (Hrsg.): Lexikon der Musikpädagogik. Regensburg 1986[2].

ders.: Privatmusikunterricht. In: Helmut Hopf, Walter Heise, Siegmund Helms (Hrsg.): Lexikon der Musikpädagogik. Regensburg 1986[2].

ders.: Zur Berufskunde des Musikerziehers. In: Wilhelm Gebhardt, Erich Valentin, Hans-Joachim Vetter (Hrsg.): Handbuch des Musikunterrichts, Regensburg 1970.

Wucher, Diethard u.a. (Hrsg.): Handbuch des Musikschulunterrichts. Regensburg 1979.

Wucher, Diethard: Verband deutscher Musikschulen. In: Helmut Hopf, Walter Heise, Siegmund Helms (Hrsg.): Lexikon der Musikpädagogik. Regensburg 1986[2].

Zeitschriften

»Euterpe« – Ein musikalisches Monatsblatt für Deutschlands Volks-
schullehrer herausgegeben von Ernst Hentschel in Zusammenarbeit
mit Erk und Jacob, Jahrgang 1847, Weißenfels

»Signale« für die musikalische Welt begründet von Bartholf Senff,

- 3. Jahrgang 1845
- Nr. 33, Juni 1902, Leipzig, Redakteur: Dr. Detlef Schult
- Nr. 37, Juni 1904, Leipzig, Redakteur: Dr. Detlef Schult
- Nr. 41, Juni 1906, Leipzig, Redakteur: Dr. Detlef Schult
- Nr. 22, Mai 1908, Berlin, Redakteur: August Spanuth
- Nr. 24, Juni 1908, Berlin, Redakteur: August Spanuth
- Nr. 15, Mai 1909, Berlin, Redakteur: August Spanuth

»Die Tonkunst« – Wochenschrift für den Fortschritt in der Musik (Hrsg.:
Otto Hahn) Nr. 1 – 52, Königsberg i.Pr., 1878

Neue Zeitschrift für Musik vom 7.9.1860 und 6.9.1861, Leipzig (aus den
Beständen des Goethe- und Schiller-Archivs Weimar).

Deutsche Tonkünstlerzeitung aus den Jahren 1903–33, Berlin (unvoll-
ständig).

Redaktion NMZ: Dossier 150 Jahre Deutscher Tonkünstlerverband.
Regensburg 1997.

Zeitungsartikel aus der »Neuen Musikzeitung« (NMZ)

(Da diese Zeitschrift seit 1969 das offizielle Organ des Deutschen Tonkünstlerverbandes ist, sind nur einige Artikel hier aufgeführt.)

Anstatt, Irmhild Luise: Tonkünstlerverband auf Abwegen? Bedenkliche
Entwicklungen im Verband. In: Neue Musikzeitung. 42 (1993) 2. S. 39.

Arnold, Marianne: Rekordbeteiligung – Bundesgesangswettbewerb. In:
Neue Musikzeitung. 42 (1993) 6. S. 44.

Bloch, Werner: Hans-Joachim Vetter. Ehrenpräsident des VDMK und
Ehrenmitglied des VdM zum 85. Geburtstag am 5.3.91. In: Neue Musikzeitung. 40 (1991) 1. S. 24.

DTKV: Von »Kohlenbescheinigung und Fortbildung – Vergleichende
Gegenüberstellung der einzelnen Landesverbände im DTKV – Teil 2.
In: Neue Musikzeitung. 42 (1993) 6. S. 45.

ders.: Riskant und reizvoll: Musik im freien Beruf. In: Neue Musikzeitung. 43 (1994/95) 6. S. 49.

ders.: Pädagogen in Passau – Kongreß der Musikpädagogen europäischer Universitäten und Hochschulen. In: Neue Musikzeitung. 43 (1994/95) 6. S. 50.

Feilke, Hans Jürgen: Der Bremer Tonkünstlerverband. In: Neue Musikzeitung. 42 (1993) 6. S. 45.

Fischer, Hans: 50 Jahre Verband Deutscher Tonkünstler und Musiklehrer. In: Musik und Unterricht. 10/1953. S. 273–276.

Frey-Samlowski, Ruth-Iris: Musikpädagogische Forschung in Europa – Über eine Bestandsaufnahme beim Ersten Kongreß in Passau. In: Neue Musikzeitung. 44 (1995) 4. S. 43.

Gmelin, Brigitte: Der VDMK informiert. Der Privatmusiklehrer. Tips und Anregungen für unsere Kollegen in den neuen Bundesländern. In: Neue Musikzeitung. 39 (1990) 5. S. 41.

Göbel, Dorothee: Satzung statt Besetzungsfragen. Informationen über Verbandsstruktur und Organe. In: Neue Musikzeitung. 42 (1993) 4. S. 40.

dies.: Zeitgenössische Musikwerke im Wettbewerb – Eckart Rohlfs, Bundesgeschäftsführer von »Jugend musiziert«, im Gespräch. In: Neue Musikzeitung. 42 (1993) 5. S. 44.

dies.: Versicherungsschutz für den Tonkünstler – Das Konzept »Sinfonima« der Mannheimer Versicherung AG. In: Neue Musikzeitung. 42 (1993) 6. S. 44.

dies.: Kleiner Trost – falls die Geige gestohlen wird – Leistungen der Musikinstrumenten-Versicherung über den Verband. In: Neue Musikzeitung. 43 (1994) 1. S. 49.

dies.: Musik und Spiel: ein Symposium in Klausur – D-A-CH-Tagung: Klangvoller Schlußakkord und verheißungsvoller Neuanfang. In: Neue Musikzeitung. 43 (1994) 2. S. 45.

dies.: Musikerhände: ein Sonderfall für Versicherer – Leistungen der Spezial-Unfallversicherung für Berufsmusiker über den DTKV. In: Neue Musikzeitung. 43 (1994) 2. S. 46.

dies.: Konstruierte Katastrophen? Die Berufs-Haftpflichtversicherung für Musiker. In: Neue Musikzeitung. 43 (1994) 3. S. 49.

191

dies.: Informationen zur privaten Altersvorsorge – Neue Möglichkeiten für Mitglieder des Deutschen Tonkünstlerverbands. In: Neue Musikzeitung. 43 (1994) 4. S. 49.

dies.: Starthilfe für Existenzgründer. In: Neue Musikzeitung. 43 (1994) 4. S. 49.

dies: Ein Archiv für neue Namen und Werke – Das Manuskriptearchiv des Deutschen Tonkünstlerverbandes. In: Neue Musikzeitung. 43 (1994) 4. S. 50.

dies.: DTKV-Aktuell [Gesangswettbewerb]. In: Neue Musikzeitung. 43 (1994/95) 5. S. 53.

dies.: Aus der Bundesverbands-Arbeit. In: Neue Musikzeitung. 43 (1994/95) 6. S. 50.

dies.: Gutachterausschuß für das Manuskriptearchiv. In: Neue Musikzeitung. 43 (1994/95) 6. S. 50.

dies.: Internationale Kontakte. In: Neue Musikzeitung. 43 (1994/95) 6. S. 50.

dies.: DTKV-Aktuell – Musikpolitische Tagung in Dresden / Pädagogen in Passau / Neue Musik auf CD. In: Neue Musikzeitung. 44 (1995) 1. S. 53.

dies.: Bundesverbands-Arbeit. In: Neue Musikzeitung. 44 (1995) 2. S. 50.

dies.: Inhaltlich und organisatorisch erfolgreich – Bundesverbandsarbeit: Die Bundesdelegiertenversammlung in Mannheim. In: Neue Musikzeitung. 44 (1995) 3. S. 49.

dies.: Verbandsarbeit. In: Neue Musikzeitung. 44 (1995) 4. S. 42.

dies.: Verbandspolitik im Interesse der Musikkultur – Interview mit der Präsidentin des DTKV, Frau Prof. Dr. Inka Stampfl. In: Neue Musikzeitung. 44 (1995) 4. S. 41f.

Goetzke, Bernd: VDMK Landesverband Niedersachsen. In: Neue Musikzeitung. 42 (1993) 5. S. 45.

Heider, Markus: Musikalische Erwachsenenbildung. Zur dritten Arbeitssitzung des VDMK am 1. April 1989. In: Neue Musikzeitung. 38 (1989) 3. S. 44.

Held, Ernst: Der Landesverband Baden-Württemberg Deutscher Tonkünstler und Musiklehrer e.V.. In: Neue Musikzeitung. 42 (1993) 5. S. 45.

ders.: Urheberschaft, Verträge und Versicherungen – Gedanken über die Bedeutung von Rechtsfragen im Musikleben. In: Neue Musikzeitung. 43 (1994) 3. S. 50.

Hewig, Dirk: VDMK-Expertentagung zu »Musik und Umwelt«. Ergebnisse und Aussichten der ersten Arbeitstagung vom 7. April in München. In: Neue Musikzeitung. 38 (1989) 4. S. 43.

Porbitz, Heinz: Einige Aufgaben für vier Stunden pro Tag. Über die Arbeit der VDMK-Geschäftsstelle in München. In: Neue Musikzeitung. 39 (1990) 1. S. 40.

Redaktion VDMK in der NMZ: Lehrer und Schüler sind Vertragspartner. In: Neue Musikzeitung. 26 (1977). S. 19.

ders.: Stürmische Diskussion – klare Beschlüsse / Bei der Delegiertenversammlung des VDMK in Mainz. In: Neue Musikzeitung. 27 (1978). S. 21.

ders.: Schlagkräftiger Vertreter der Interessen. Die zahlreichen Ortsverbände des Deutschen Tonkünstlerverbandes stellen sich vor. In: Neue Musikzeitung. 40 (1991) 5. S. 49.

ders.: Scheidung auf baden-württembergisch? Ab 1993 will der Landesverband nicht mehr beim Deutschen Tonkünstlerverband sein. In: Neue Musikzeitung. 41 (1992) 2. S. 48.

Richter, Andreas: Auf der Preisträgertreppe wird es enger – Preisträgerkonzert des Bundeswettbewerbs Gesang »Musical, Chanson, Song«. In: Neue Musikzeitung. 43 (1994) 1. S. 49.

Rohlfs, Eckart: GDMK aufgenommen in die Gewerkschaft Kunst. In: Neue Musikzeitung. 25 (1976). S. 19.

Rudloff, Hans J.: Warum eine Gewerkschaft für Musikerzieher? Für wen die Mitgliedschaft interessant ist und was erwartet werden kann. In: Neue Musikzeitung. 25 (1976). S. 19.

Sassmannshausen, Detlef: Landesverband Hamburg im Verband Deutscher Tonkünstler – Verband Deutscher Musikerzieher und konzertierender Künstler (VDMK) e.V.. In: Neue Musikzeitung. 42 (1993) 5. S. 45.

Stamm, J.: Neuregelung für Doppelmitglieder [VDMK/GDMK]. In: Neue Musikzeitung. 27 (1978). S. 21.

Stampfl, Inka: Ein neuer »alter« Verband wurde gegründet. Die »Deutschen Tonkünstler« formieren und konsolidieren sich. In: Neue Musikzeitung. 42 (1993) 3. S. 40.

dies.: Vom D-A-CH kam so mancher Stein ins Rollen – Deutscher, österreichischer und schweizer Gedankenaustausch. In: Neue Musikzeitung. 42 (1993) 4. S. 40.

dies.: Der Landesverband Bayerischer Tonkünstler. In: Neue Musikzeitung. 42 (1993) 6. S. 45.

dies.: Wahlen, Beschlüsse. Zur Tagung der Länderkonferenz und des Präsidiums des Deutschen Tonkünstlerverbandes (DTKV). In: Neue Musikzeitung. 42 (1993) 6. S. 45.

dies.: Neue Kriterien – Zur Befreiung privater Musiklehrer von der Umsatzsteuer. In: Neue Musikzeitung. 42 (1993) 5. S. 47.

dies.: Musikalische Bildung in Europa – European Association of Schoolmusic (EAS). In: Neue Musikzeitung. 43 (1994) 2. S. 46.

dies.: Neuer GEMA-Vertrag – Wichtige Detailinformationen für Mitglieder des DTKV. In: Neue Musikzeitung. 43 (1994) 2. S. 45.

dies.: Neuer Leitfaden für die Besteuerung von Tonkünstlern und Musikpädagogen. In: Neue Musikzeitung. 43 (1994) 3. S. 49.

dies.: DTKV-CD-Edition. In: Neue Musikzeitung. 44 (1995) 3. S. 50.

dies.: Kulturpolitik Hongkongs. In: Neue Musikzeitung, 9 (1997).

dies.: Kulturförderung in USA. In: Neue Musikzeitung, 10 (1997).

dies.: Kultursponsoring in England. In: Neue Musikzeitung, 11 (1997).

Suder, Alexander L.: Der Tonkünstler. Wege zum gemeinsamen Ziel. Über Sinn und Funktion des Deutschen Tonkünstlerverbandes. In: Neue Musikzeitung. 41 (1992) 3. S. 1, 10.

Ulrich, Jürgen: Landesverband Nordrhein-Westfalen. In: Neue Musikzeitung. 42 (1993) 5. S. 45.

Vetter, Hans-Joachim: Neue Wege sind beschritten. Zur Umstrukturierung des VDMK. In: Neue Musikzeitung. 25 (1976). S. 20.

Archivalien I

(aus den Beständen des Goethe- und Schiller-Archivs Weimar; nach Nummern geordnet)

Bestand: ADMV

Signatur 70/152 – 304

70/152: Verzeichnisse eingereichter Kompositionen

70/192: Beurteilungen, München 1908

70/252: Register der Kompositionen 1859–1897

70/253: Register der Kompositionen 1861–1922

70/261: Mansouroff – Stiftung für Witwen und Waisen von Vereinsmitgliedern 1889–1890

70/298: Vorverhandlungen zur Gründung einer Musikkammer 1912 bis 1916, 1918

70/300 Auseinandersetzungen zum Preußischen Ministererlaß über den
70/301: Privatmusikunterricht, 2.5.1925

70/304: Satzungen:
a) Verband deutscher Musiklehrerinnen;
b) Central-Verband deutscher Tonkünstler und Tonkünstlervereine

Archivalien II

(sonstige, chronologisch geordnet)

Preußisches Ministerium für Geistliche, Unterrichts- und Medizinalangelegenheiten: Erlaß vom 18.7.1848. Berlin.

Programme von Tonkünstlerversammlungen und -Festen 1859–1937 (aus den Wissenschaftlichen Sammlungen und Archiven der Hochschule für Musik »Franz Liszt« in Weimar).

Festbuch zur Haptversammlung Halle (Saale), 7.–11. Oktober 1926, Hrsg.: Reichsverband Deutscher Tonkünstler und Musiklehrer e.V. Halle 1926

Forkel, Johann, Nikolaus: Vermischte Gedanken über verschiedene musikalische Gegenstände. Autograph, im Besitz der Deutschen Staatsbibliothek Berlin.

Plan zur Festwoche anläßlich des 25jährigen Bestehens des »Reichsverbandes Deutscher Tonkünstler und Musiklehrer«. Darmstadt 1928.

Organisationsfragen des Chorgesangwesens. Vorträge des I. Kongresses für Chorgesangwesen in Essen. Leipzig 1929.

Protokoll der Besprechung zwischen Prof. Dr. Gustav Havemann und Arnold Ebel, Berlin, 18.04.1933.

Rundschreiben Nr. 1/1933 vom 21.04.1933 (Berlin).

Protokoll zur Sitzung des Hauptvorstandes des »Reichsverbandes Deutscher Tonkünstler und Musiklehrer« vom 29.12.1933.

Protokoll zur Sitzung des Gesamtvorstandes des Reichsverbandes Deutscher Tonkünstler und Musiklehrer, Kassel 09.06.1934.

Nachrichtendienst der Fachschaft Musikerziehung in der Reichsmusikkammer vom 15.9.1937 (Hrsg. Hermann Abendroth).

Schreiben des Dienststellenleiters der Arbeitsgemeinschaft für Hausmusik vom 5.5.1943.

Bericht über die Mitarbeit der »Vereinigung der Landesverbände Deutscher Tonkünstler und Musiklehrer« (VLDTM) der »Arbeitsgemeinschaft für Musikerziehung und Musikpflege« (AGMM) und der UNESCO. Berlin 1953.

50 Jahre VDTM Kassel. Kassel 1953.

Dahlgrün, Reimar: Auszug aus der Zusammenfassung der Besprechungsergebnisse von dem Zusammentreffen am 30.10.1961 in Hannover.

Vetter, Hans-Joachim: Bericht zur VDMK-Bundestagung 1969.

VDMK: Jahresbericht 1971/72 des VDMK.

Ergänzungsplan zum Bildungsgesamtplan der Bund-Länder-Kommission von 1977. 50 Jahre VDTM. Kassel 1953.

VDMK: Aktennotiz des VDMK zur Sitzung im Bundesarbeitsministerium vom 21.01.1988 in Bonn.

VDMK: Arbeitspapier – Entwurf für 09.04.1975 Projekt »Deutsche Musik der Gegenwart«.

Obermayer, Klaus: Bericht des Geschäftsführers für den Zeitraum 19.03.1989 bis 10.11.1990.

Satzungen

Satzung des Berliner Tonkünstlervereins 1844.

Satzung des Allgemeinen Deutschen Musikvereins (ADMV).

Satzung des Reichsverbandes Deutscher Musiklehrer und Musiklehrerinnen (RDTM).

Satzung der Landesverbände Deutscher Tonkünstler und Musiklehrer e.V. (VLDTM).

Satzung des Verbandes Deutscher Musikerzieher und konzertierender Künstler e.V. (VDMK).

Satzung des Deutschen Tonkünstlerverbandes e.V. (DTKV).

Protokolle der Bundesdelegiertenversammlungen

Zentralverband Deutscher Tonkünstler und Musiklehrer: 24.–25.9.1904 in Köln.

VDMK: 20.–22.11.1964 in Darmstadt.

VDMK: 7.7.1967 in München.

VDMK: 12./13.10.1968 in Krefeld.

VDMK: 11./12.10.1969 in Soest.

VDMK: 13.–15.11.1970 in Würzburg.

VDMK: 26./27.11.1971 in Königstein/Taunus.

VDMK: 1.–3.12.1972 in Berlin.

VDMK: 5./6.5.1973 in Würzburg.

VDMK: 22./23.6.1974 in Stuttgart.

VDMK: 28.–30.10.1975 in Münster.

VDMK: 29.11.1975 in Mainz.

VDMK: 3.5.1976 in Berlin.

VDMK: 10./11.12.1977 in Herrsching.

VDMK: 17.6.1978 in Mainz.

VDMK: 9.12.1978 in Berlin.

VDMK: 22./23.9.1979 in München.

VDMK: 8./9.2.1980 in Bonn.

VDMK: 14./15.11.1981 in Mainz.

VDMK: 28.11.1982 in Würzburg.

VDMK: 3./4.12.1983 in Hammelburg.

VDMK: 17./18.11.1984 in Münster.

VDMK: 26./27.10.1985 in Hammelburg.

VDMK: 28./29.11.1987 in Stuttgart.

VDMK: 19./20.11.1988 in Hammelburg.

VDMK: 17./18.3.1989 in Mainz.

VDMK: 10./11.11.1990 in Würzburg.

VDMK: 19./20.10.1991 in Köln.

VDMK: 10./11.10.1992 in Mannheim.

VDMK: 30.1.1993 in München.

VDMK: 8.5.1993 in München.

VDMK: 9.5.1993 in München.

Protokoll der Gründungssitzung des DTKV vom 9.5.1993 in München.

DTKV: 12.3.1994 in Stuttgart.

DTKV: 18.3.1995 in Mannheim.

DTKV: 2.3.1996 in München.

DTKV: 1.3.1997 in Hannover.

Protokolle der Präsidiumssitzungen

VLDTM: 12.6.1954 in Darmstadt.

VLDTM: 17.5.1955 in Kassel.

VLDTM: 7.12.1957 in Berlin.

VLDTM: 1.6.1958 in Darmstadt.

VDTM: 17.9.1961 in Mainau.

VDTM: 25./16.2.1964 in Hannover.

VDTM: 5./6.4.1964 in München.

VDTM: 6./7.6.1964 in Berlin.

VDMK: 9.2.1970 in Hannover.

VDMK: 14./15.5.1971 in Hannover.

VDMK: 2./3.10.1971 in Stuttgart.

VDMK: 19./20.1.1974 in Mainz.

VDMK: 18.1.1975 in Mainz.

VDMK: 2.10.1977 in Frankfurt.

VDMK: 18.2.1978 in Bonn-Bad Godesberg.

VDMK: 20.9.1978 in München.

VDMK: 17./18.3.1979 in München.

VDMK: 6.7.1982 in München.

VDMK: 28.1.1983 in München.

VDMK: 5.6.1983 in München.

VDMK: 20.5.1984 in München.

VDMK: 18.1.1985 in München.

VDMK: 15.6.1985 in Stuttgart.

VDMK: 30.5.1987 in München.

VDMK: 14.6.1988 in München.

VDMK: 22.9.1988 in München.

VDMK: 2.4.1990 in München.

VDMK: 29.8.1990 in München.

VDMK: 12.10.1990 in München.

VDMK: 4.1.1991 in München.

VDMK: 8.6.1991 in Würzburg.

VDMK: 11.9.1991 in München.

VDMK: 14.12.1991 in München.

VDMK: 17.5.1992 in München.

VDMK: 5.7.1992 in München.

VDMK: 11.12.1992 in München.

DTKV: 5.6.1993 in München.

DTKV: 16.9.1993 in Stuttgart.

DTKV: 2.10.1993 in Mannheim.

DTKV: 22.1.1994 in München.

DTKV: 8.10.1994 in Mannheim.

DTKV: 30.12.1994 in München.

DTKV: 5.2.1995 in Berlin.

DTKV: 10.6.1995 in München.

DTKV: 16.9.1995 in Mannheim.

DTKV: 30.12.1995 in München.

DTKV: 2.3.1996 in München.

DTKV: 21.6.1996 in Weimar.

DTKV: 16.11.1996 in Mannheim.

DTKV: 28.2.1997 in Hannover.

Protokolle der Sitzungen des Pädagogischen Ausschusses des VDMK vom:

3.12.1976 in Berlin.

9.12.1977 in Herrsching.

22.9.1979 in München.

15.5.1982 in München.

11.10.1991 in München.

Protokolle der Sitzungen der Länderkonferenzen des DTKV vom:

2.10.1993 in Mannheim

8.10.1994 in Mannheim

16.9.1995 in Mannheim

16.11.1996 in Mannheim

II.   Abkürzungsverzeichnis

ADLV	Allgemeiner Deutscher Lehrerinnen-Verband
ADMV	Allgemeiner Deutscher Musikverein
AfS	Arbeitskreis für Schulmusik und allgemeine Pädagogik
AGMB	Arbeitsgemeinschaft Musikberufe
AGMM	Arbeitsgemeinschaft Musikerziehung und Musikpflege
AGMÖ	Arbeitsgemeinschaft der Musikerzieher Österreichs
ARGE-Süd	Arbeitsgemeinschaft Musikpädagogen südeuropäischer Länder
BAK	Bundesakademie
BfB	Bundesverband freier Berufe
BMI	Bundesministerium des Innern
BMWi	Bundesministerium für Wirtschaft
BTV	Berliner Tonkünstlerverein
BWG	Bundeswettbewerb Gesang
D-A-CH	Deutsch-Österreichisch-Schweizerische Studientagung
DAG	Deutsche Angestelltengewerkschaft
DAK	Deutsche Angestellten Krankenkasse
DGB	Deutscher Gewerkschaftsbund
DGG	Deutsche Grammophon Gesellschaft
DKR	Deutscher Kulturrat
DMG	Deutsche Musik der Gegenwart
DMR	Deutscher Musikrat
DMV	Deutscher Musikverband
DOV	Deutsche Orchestervereinigung
DTKV	Deutscher Tonkünstlerverband
EAS	European Association for Schoolmusic
EMC	European Music Council
ERME	European Research in Music Education
FDGB	Freier Deutscher Gewerkschaftsbund
GDMK	Gewerkschaft deutscher Musikerzieher und konzertierender Künstler
GEMA	Gesellschaft für musikalische Aufführungs- und mechanische Vervielfältigungsrechte

GEW	Gewerkschaft Erziehung und Wissenschaft
GMD	Generalmusikdirektor
GSA	Goethe- und Schiller-Archiv Weimar
GVL	Gesellschaft zur Verwertung von Leistungsschutzrechten
Hrsg.	Herausgeber
IMC	International Music Council
ISME	International Society for Music Education
KMK	Ständige Konferenz der Kultusminister
KSK	Künstlersozialkasse
KSVG	Künstlersozialversicherungsgesetz
LV	Landesverband
NMZ	Neue Musikzeitung
NZfM	Neue Zeitschrift für Musik
ODM	Organisation Deutscher Musiklehrkräfte
OÖLMD	Oberösterreichische Landesmusikdirektion
ÖTV	Gewerkschaft öffentliche Dienste, Transport und Verkehr
RDTM	Reichsverband Deutscher Tonkünstler und Musiklehrer
SMPV	Schweizerischer Musikpädagogischer Verband
UNESCO	United Nations Educational, Scientific an Cultural Organization
VDK	Verband deutscher Komponisten und Musikwissenschaftler
VdM	Verband deutscher Musikschulen
VDMK	Verband deutscher Musikerzieher und konzertierender Künstler
VDO	Verband deutscher Opernchöre
VDS	Verband deutscher Schulmusikerzieher
VDTM	Verband deutscher Tonkünstler und Musiklehrer
VDTV	Verband Deutscher Tonkünstlervereine
VKA	Vereinigung kommunaler Arbeitgeberverbände
VLDTM	Vereinigung der Landesverbände deutscher Tonkünstler und Musiklehrer
VMV	Vereinigte Musikpädagogische Verbände
ZDTM	Zentralverband Deutscher Tonkünstler und Musikerzieher
ZVDT	Zentralverband Deutscher Tonkünstler

NACHWORT

...alles ist im Fluß. Als die letzte Zeile dieses Buches geschrieben war, erhielt die Autorin neue Archivalien, die dieses Buch ergänzen könnten. Es wäre wünschenswert, wenn diese Dokumentation erweitert werden könnte. Deshalb ergeht ein Aufruf an alle Personen, die dem Deutschen Tonkünstlerverband nahestehen, möglicherweise vorhandene alte Dokumente der Autorin freundlicherweise zur Verfügung zu stellen.

Inka Stampfl